成吉思汗传

冯承钧 著

江西教育出版社
·南昌·

图书在版编目(CIP)数据

成吉思汗传 / 冯承钧著. —— 南昌：江西教育出版社，2019.10（2022.4 重印）

ISBN 978-7-5705-1339-0

Ⅰ.①成… Ⅱ.①冯… Ⅲ.①成吉思汗(1162-1227) – 传记 Ⅳ.① K827=47

中国版本图书馆 CIP 数据核字 (2019) 第 168321 号

成吉思汗传
CHENGJISIHAN ZHUAN

冯承钧　著

江西教育出版社出版

（南昌市抚河北路 291 号　　邮编：330008）

各地新华书店经销

北京长宁印刷有限公司印刷

660 毫米 ×960 毫米　　16 开本　　6.25 印张　　字数 87 千字

2019 年 10 月第 1 版　　2022 年 4 月第 2 次印刷

ISBN 978-7-5705-1339-0

定价：32.00 元

赣教版图书如有印装质量问题，请向我社调换　电话：0791-86706047

投稿邮箱：JXJYCBS@163.com　　电话：0791-86705643

网址：http://www.jxeph.com

赣版权登字 -02-2019-523

版权所有　侵权必究

目 录

绪 言 ·· 001

第一章　当时之诸部族 ··· 007

第二章　成吉思汗先世之传说 ·· 017

第三章　依附王罕时代之帖木真 ····································· 025

第四章　平克烈、乃蛮诸部 ··· 035

第五章　降西北诸部及取西辽 ·· 041

第六章　侵略金国 ··· 047

第七章　西征前之花剌子模 ··· 053

第八章　西征之役　上 ··· 063

第九章　西征之役　中 ··· 073

第十章　西征之役　下 ··· 081

第十一章　西夏之亡及成吉思汗之死 ······························· 087

附　录 ··· 091

绪　言

《元史·太祖本纪》云："帝深沉有大略，用兵如神，故能灭国四十，遂平西夏，其奇勋伟绩甚众，惜乎当时史官不备，或多失于记载。"具见修《元史》者对于成吉思汗之事迹遗漏甚多。于是后人改纂有若干名称不同之《元史》，或根据中国载籍改修，如《元史类编》等类是；或根据译文补辑，如《元史译文证补》之类是；迄今不下七八种。史事固较旧史增多，然支离则较旧史更甚。

我以为改订《元史》鸠辑史事固重，而考订年代、划一名称尤重。新修诸本在年代方面固有比对西书而为改订者，然于地名人名，歧互更较旧史为难读。其故则在修史者未备具若干条件，盖修《元史》者必须：（一）了解北方西方若干语言；（二）明了汉字古读，尤应知元人读法；（三）名从主人；此三条件缺一不可。前之整理元史者三者并缺，所以愈整理而愈支离。诸改订本之中较差强人意者，要推《蒙兀儿史记》，缘其尽量采纳《元史译文证补》《成吉思汗实录》等书之文，复赖译人为之翻译若干西籍。惟其最大缺点，则在不可以数计之汉语外的人名地名考订，其穿凿附会，竟使任何声韵皆可相通，假使其仅限于附注，误人尚浅，然且并著之于本文。兹略举数事以明之。

阿剌壁或阿剌毕（Arabi）之称，明人行记早见著景，而屠氏一概改作阿滥谧。按《唐书》卷二二一下，安国治阿滥谧城，唐之安国即元之不花剌（Buqara），阿滥谧即昔之 Aryamithan 今之 Ramitan，牵强附会如此，未免太缺史地常识。

前一名称尚可谓其中有若干声韵相近者，然更有相远者。其《西域列传》（卷中第一页）云：花剌子模母可敦弃花剌子模而出走时，尽投诸部落故酋于阿梅河中，惟亚俱罗故酋之子得免。注云："亚俱罗种族名，《唐书》谓大食，一名亚俱罗是也。有亚俱罗水源出亦薛不儿西北山，西流入里海，其入海之口即名亚俱罗海口，故里海一名亚俱罗海，有亚俱罗城。今图作亚什勒特，或作阿什咧佛，在里海东南弯上，东距阿士特剌阿卜秃百数十里，西距撒里不足百里，疑即西北地附录之朱里章。"

　　此段注释可谓尽牵强附会之能事，不特将近在一处之 Atrak 与 Gurgan 两水混而为一，且将此二水与 Euphrates 牵合为一水。按亚俱罗一名首见《通典》引杜环《经行记》，乃黑衣大食之古都 Aqula，阿剌壁语名曰 Kufa，即《元史》西北地附录之苦法也。则屠氏所谓亚俱罗海口、亚俱罗海、亚俱罗城等称，并是毫无郢书可据之燕说。所谓亚什勒特，应指 Ashurada 湾，所谓阿什咧佛，应指距海岸尚远之 Ashraf。至若朱里章（Jurjan）远在 Gurgan 河中流之北岸，更风马牛不相及。又考《蒙兀儿史记》此处所谓"亚俱罗"者，西域书多作牙疾儿（Yazir），亦作牙思吉儿（Yazghir），此城后名都伦（Durun），处今里海铁道 Beharden 车站附近，在 Askhabad 及 Kizil-Arvat 两城之间，此乃花剌子模可敦自玉龙杰赤赴祃拶答而（Mazandaran）必经之路，所以留牙疾儿酋子作向导，并未远至苦法或亚俱罗也。

　　右一名称尚可谓"牙""亚"二字同韵，而后之声韵稍涉影响也。然竟有无中生有者，《蒙兀儿史记》卷三（十八页）采录《圣武亲征录》木华黎将五部及女真、契丹之兵经略中原之文，其中有一火朱勒部，屠氏不识此名，硬断其为火鲁剌之讹，而改为豁罗剌思（Ğorulas），并臆断其统将即是名见《元秘史》卷四之薛赤兀儿。按别勒津（Berezin）本之剌失德丁史集相对之称作火失忽勒（Qošiqul），突厥语 Qoš 犹言双，乃由各队中调发二人所组成之一军，当时并无此火朱勒部；《亲征录》之火朱勒疑是火失勒之讹也。

屠氏从汉字音译蒙文《元秘史》中识得若干蒙文名词，乃不明蒙古语之变化，所以错误丛出。若乞颜（Kiyan）单数也，变为复数必须作乞牙惕（Kiyat），乃竟有作乞颜惕者。又如秃马惕（Tumat）在蒙古语中似仅有复数之称，大典本《元秘史》有作秃马敦者，盖连同语尾表示属格之-un而言，在用作名词之汉语中，并无须作敦，乃屠氏亦沿其误。又如主儿勤（Jurkin）有时连同属格而作主儿乞讷（Jurkin-u），大典本有时省作主儿乞，屠氏亦因之。如斯之类，皆足证其不明蒙古语之变化。既不知之，则不应处处以蒙古通自命。乃有时且将蒙古语表示复数之-t加之于其他语名之后，若Ganga之变作殑伽惕，而开梵文从来未有之先例。此外沿袭《元史译文证补》及田中萃一郎所译多桑（D'Ohsson，应作朵松）译文之误者亦夥。屠氏固亦曾延人节译多桑书，惜译人于此学非专门，译文未免有所误会。屠氏未能订正，遂仍其误。综合其种种缺点，《蒙兀儿史记》抄掇比附元代载籍之文，固可说是空前。然其汉语外名称之考订，十之八九皆可删除也。

前者我拟为《蒙兀儿史记》之《太祖本纪》《西域列传》作一纠误，嗣以纠不胜纠，乃纂辑中西史文撰此《成吉思汗事辑》一卷，与《蒙兀儿史记·太祖本纪》比对读之，其误自见。所采史料，在中国载籍一方，而以《元秘史》《亲征录》《元史》三书为最多。西方撰述则取多桑书第一卷、巴儿脱德（Barthold）撰《蒙古侵略时代之突厥斯单》（第二版英译本）、伯希和（Pelliot）考订诸文（散见《通报》《亚洲学报》之中者）。尤于部族及译名两方面用力为最勤。

成吉思汗时代诸部族，中西学者尚鲜研究。《元史译文证补·部族考》有目无书。《新元史》仍是抄掇钱大昕之《氏族表》，别无发明。兹取剌失德丁书之《部族志》，与中国载籍共比对，可考者录之，稍涉疑义者不录。例如《元史》卷一三二《麦里传》谓："麦里，彻兀台氏"[①]，

[①] [明]宋濂，等撰：《元史》第31册，中华书局，1976，第3210页。

比对剌失德丁①所著录之部族名中有"札剌亦儿"②部之别部 Čat。按阿剌壁字不著韵母，上名译写容有脱误，因疑其作 Ča'ut。但《元史》同传又云麦里领彻里台部。此"兀""里"二字不知孰误。检洪武本《元史》，歧互之点相同，则未便断其必为西域书中之"察惕"。如是未能比附者，第一章中概不著录。

对于译名务求划一，原有译名者，采用其一，不仿《元史译文证补》之例，妄用新翻。盖元人译名亦知根据汉字音读，若林之对 lim、寻之对 sim、三之对 sam、蓝之对 lam。其汉语原无之 b、t、r、m 等类收声，则以卜、惕、木、儿等字代之。此例在《元秘史》中颇常见也。《亲征录》《元史》中之译名固有时适用变例，然亦有例可寻，兹略举数条以明之。

蒙古昔用畏吾儿字母，故常夺其原有之 g、ǧ 声母。若克烈部之别部秃别干（Tubägan，见《元秘史》卷五），又作秃别延（Tubäan，见《元秘史》卷七）、土别燕（《元史·宗泽传》）。Bulgar，《元史》作不里阿耳（Bul'ar），《元秘史》作孛剌儿（Bol'ar）；Tangut 作唐兀。皆其例也。

蒙古语以及西域语常将 b 变作 m。若乞卜察墨（Qibčcaq）之作钦察（Qimčaq）。又若 Tabǧač 变作 Tamǧač（此名在《西游记》中作桃花石），致使近人将此最晚始于隋代之名称臆断作唐家。

蒙古语中采用之突厥语，常将 y 变作 j。若突厥语驿站作 yam，蒙古语变作 jam，由是汉语之站字又增一新义。突厥语部名押剌伊（Yalair），蒙古语则作札剌亦儿（Jalair）。

古译常将 l 读作 n，在元代几成通例。若 Altan 之作按滩，Sultan 之作算端，Jalal 之作札阑。其例举不胜举。

蒙古语中之 –n，可有可无。若 Alči 亦作按陈（Alčin），河西亦作

---

① 剌失德丁，今译作"拉斯特"。
② [波斯]拉施特主编《史集》第1卷第1分册，余大钧、周建奇译，商务印刷馆，2017，第149页。

合申（Qašin），Yuhunan 之作月合乃（此人在《元史》卷一三四中皆误作月乃合），Urganj 之作玉龙杰赤（Urungäǰ），可以为证。

蒙古语对于发音之 r-，常叠用其后之韵母。如 Ros 之作（Oros），又如 Rinčinpal 之作懿璘质班，Ratnatala 之作阿剌忒纳答剌，皆其例也。

蒙古语对于头一发声之 A- 韵母，有时省略者，若 Abu-Said 之作不赛因，Abu-Bäkr 之作不别。此类省称不仅见之于《元史》，并见之于波斯蒙古汗致密昔儿（Misr'Egypte）算端之国书中。明人译同名之人亦省略其发声之韵母，而作卜撒因（《明史》卷三三二《西域传》）。

准是以观，元人译法为例虽不纯，尚不难考求得之。至若《元秘史》译例虽云谨严，然亦不无小疵，若泰亦赤兀惕偶亦作泰亦赤额惕（见卷二）；克烈通作客列亦惕，有时亦作格列亦惕（见卷四）；唐兀惕有时亦作唐忽惕（见卷五）；乞卜察兀惕有时亦作钦察兀惕（见卷八）；撒速惕后又作薛速惕（卷十二），多半疑是传抄之误。《元秘史》卷十二列于马鲁、康琳（康里）之间者，有马答撒里部落，疑是马答撒里之误，似是 Mazandari=Mazandaran 之对音。盖蒙古语亦有读 z 如 s 之例也。除此而外，《元秘史》不辨 q、ǧ 二声，有时 t 亦读作 d，凡 s 在 -i 前概写作 š，是皆《元秘史》之变例也。

本书为划一译名，特将所有人名、地名用罗马字著其对音。所用译写方法，仍取前在"西域地名"中之译写方法，唯少变其例耳。前用之 ch 皆省作 č，前用之 sh 皆省作 š，前用之 kh 皆省作 q，前用之 gh 皆省作 ǧ，新用之韵母若 ä 读若法语之 é，新用之 ö 读若法语之 eu，新用之 ü 与德语 ü 之读法同。译写务求简单。顾还原名称之多，而其中有若干名称因上述之种种变例，颇难保其不误；然所敢自信者，虽误亦不远也。

二十三年一月三日命儿子先恕笔受讫。

第一章　当时之诸部族

　　成吉思汗（Čingiz-qan）本人的部族是孛儿只斤（Borjigin）。同孛儿只斤血统关系较亲密的蒙古部族统称尼伦（Nirun），其余的蒙古部族统称都儿鲁斤（Durlugin）。蒙古部族以外的部族，可大别为东胡（Tongus）种的部族，同突厥（Turk）种的部族。这些部族我们虽然将他们大别为蒙古、东胡、突厥三种，其实并不是严格的区别，因为在历史里面言人种，就无纯粹的人种，多少皆有血统之混合，充其量不过在语言、风习方面区别去。就是这类的区别，现在还在研究中，尚无确定的根据；我们沿袭旧称，仍旧采用这三个名称，无非为叙述之便利而已。所以在本书中所言的部族，切莫作人种中的民族解释。当时的部族几尽是些游牧部落，因为"牧""猎""劫""战"等事的变迁，分合不常，甲部落中常有乙丙丁等等部落的人。在一最短期间，固然知道某部落中的某人是某氏，质言之，或是本部落的人，或是从别部落来降的、被俘的、被拾得的、被交换的，过了一定时间，因通婚的关系，便皆变作本部的人了。按照蒙古人的传说，固然说每部落的祖宗是某人，这也不过是一种传说而已，同中国古代氏族起源的传说一样，并无历史根据，现在姑举一个例子来说：蒙古尼伦部落中有个很强的部落，名称主儿勤（Jurkin），相传是合不勒汗（Qabul-qan）的长子斡勤巴儿合黑（Okin-Barqaq）之后，严格说，应该都是巴儿合黑的子孙，其实不然，《元秘史》卷四曾说，巴儿合黑因是长子，在百姓内选择有胆量、有技能、有气力、能射箭的人，随从他，而名曰主儿勤部，成吉思汗将此部灭了，又将他的百姓收为自己的百姓；当时诸部落的分合生灭，我以为皆可以这简①主儿勤的例子类推。

前题既明，我现在试将中西载籍可考的部落名称列举于后：

（一）蒙古尼伦部

乞颜（Kiyan），多数作乞牙惕（Kiyat），相传古代即有此称，后在合不勒汗时重以为部族之号；孛儿只斤同主儿勤两部，是从此部分出，所以此二部亦常冠以乞牙惕之号。

孛儿只斤，有说是孛端察儿（Bodančar）之后，有说是也速该（Yisugai）时始有是称。

主儿勤，相传是斡勤巴儿合黑之后。

札答阑（Jadaran），多数作札答剌惕（Jadarat），一称札只剌惕（Jajirat），相传其始祖是孛端察儿妻前夫之子，一说是兀都儿伯颜（Udur-Boyan）之后。

合塔斤（Qatagin），相传是不忽合塔吉（BuquQatagi）之后。

撒勒只兀惕（Salji'ut），相传是不忽秃撒勒只（Buqutu Salji）之后。

巴邻（Barin），相传是巴阿里歹（Ba,aridai）之后。

沼兀列亦惕（Ja'uräit），相传是沼兀列歹（Ja'uräidai）之后。

那牙勤（Noyagin），相传是那牙吉歹（Noyagidai）之后，一说为札黑速（Jaqsu）之后。

巴鲁剌思（Barulas），相传是巴鲁剌台（Barulatai）、合出剌

---

① "筒"，应作"箇"，即"个"。

（Qačula）兄弟二人之后，一说谓合出里（Qačuli）之后。

不答安（Buda'an），多数作不答阿惕（Buda'at），相传是合阑歹（Qaraldai）之后。

阿答儿斤（Adargin），相传是阿答儿吉歹（Adargidai）之后，一说谓寻合赤温（Sim Qači'un）之后。

兀鲁兀惕（Uru'ut），相传是兀鲁兀歹（Uru'udai）之后，一说为札黑速之后。

忙忽惕（Mongut），相传为忙忽台（Mongutai）之后，一说为扎黑速之后。

失主兀惕（Siji'ut），相传为失主兀歹（Siji'udai）之后，一说抄真斡儿帖该（Ča'učin Ortägai）之后。

朵豁剌惕（Dogolat），相传为朵豁剌歹（Doğoladai）之后，一说为孛端察儿朵豁阑（Bodančar Doğolan）之后。

泰亦赤兀惕（Taiči'ut），相传为俺巴孩（Ambağai）之后。

别速惕（Bäsut），一作亦速惕（Yisut），相传为别速台（Bäsutai）之后，一说为赤纳台斡赤斤（Činatai Otčigin）之后。

赤那思（Činos），相传为坚都赤那（Kändu Čino）、斡罗黑真赤那①（Oloqčin Čino）兄弟二人之后。

晃豁坛（Qongotan），相传为抄真斡儿帖该六子之后，下五部同。然西域书谓下五部非尼伦部族。

斡罗纳儿（Oronar）。

阿鲁剌惕（Arulat）。

雪你惕（Sünit）。

合卜秃儿合思（Qabturqas）。

格泥格思（Gänigäs）。

这些尼伦部落，同后面列举的若干都儿鲁斤部落，游牧之地大致在斡难（Onan）、怯绿连（Kerourän）两水流域，孛儿只斤部牧地似在斡

---

① 斡，应作"斡"。

难、怯绿连、秃剌（Tuǧla）三水发源的地方。

（二）蒙古都儿鲁斤部

朵儿边（Dorbän），多数作朵儿伯惕（Dorbät），剌失德丁（Rašidud-din）曾将此部列在尼伦部之内，是不对的；因为据他所说，阿阑豁阿（Alan Ǧo'a）寡居时所生三个儿子的后人皆是尼伦部，而朵儿边是阿阑豁阿丈夫的四个侄儿之后，不当列在尼伦部内。

兀良合惕（Urianqan, Urianqat）。

弘吉剌惕（Qongirat），此部有人说是突厥种，其牧地好像与塔塔儿（Tatar）部相接，也在捕鱼儿海（Buir na'ur）附近，同也儿古纳（Ärgunä）河一带；剌失德丁说弘吉剌部有四个别部，在中国载籍中可考的，只有下列两部，可是中国载籍并未说是弘吉剌的别部。

亦乞剌思（Ikiras），牧地在也儿古纳河畔。

斡勒忽讷兀惕（Olgunu'ut）。

火鲁剌思（Ǧorulas）。

也里吉斤（Iljigin）多数作（Iljigit），《元史》曰燕只吉台。

阿鲁剌惕（Arulat）。

许兀慎（Hü'ušin）。

速勒都思（Suldus）。

亦秃儿坚（Iturgän），此部在剌失德丁书中作（Ilturkin），说是部名；而在《亲征录》中颇难辨别是部名抑是人名；在《元秘史》凡两见，皆作两个使臣的名称，大约是译人误以部名作人名。

伯岳吾惕（Baya'ut），此部的牧地在贝加尔（Baikal）湖之南，好像当时属于突厥种的康里（Qanǧli）部中也有个别部名伯岳吾。

（三）东胡、突厥等部

肃良合（Solanqa），此部所指的是高丽人，好像并将高丽附近一带的东胡部落也包括在内。

女真，蒙古语名之曰主儿扯（Jurčäit）。

契丹，蒙古语名之曰乞塔惕（Qitat），此名大概是从契丹转出的多数之称。

塔塔儿，是东胡语系的部落，牧地在捕鱼儿海附近。剌失德丁说分为六部，中有四部同《元秘史》著录的名称大同小异，就是《元秘史》的都塔兀惕塔塔儿（Tuta'ut Tatar）、阿勒赤塔塔儿（Alči Tatar）、察罕塔塔儿（Čagǎn Tatar）、主因塔塔儿（Juin Tatar）。此外《元秘史》中还有阿亦里兀惕塔塔儿、备鲁兀惕塔塔儿、阿鲁孩塔塔儿三部，与剌失德丁所著录的余二部名称完全不同。《元史》中还有个按滩脱脱里（Altan Tatar），犹言金塔塔尔，仅见《阔阔不花（此言青牛）传》，恐是阿勒赤塔塔儿之误读；因为蒙古语中的 n 生灭无常，阿勒赤也有译作按陈（Alčin）的，然则从按陈变为按滩，秖①须错一个字母，就可发生这种误会。塔塔儿部同汪古惕（Ongut）部皆是为金国守边墙的部落，时常捕送他部的酋长献给金国。

札剌亦儿（Jalaïr），此部的牧地似在斡难河北，大概是同蒙古杂居的突厥部落；因为突厥语中的 y，在蒙古语中常改作 j，此部部名在《元史》中固常作札剌儿，然在《本纪》中初见即作押剌伊而（Yalaïr），可以令人推想他是突厥语系的部落。剌失德丁说札剌亦儿大别为十部，在中国载籍中可以考见的，好像只有两部，一名脱忽剌温（Toqura'un），见《元秘史》，一名朵郎吉（Tolangit），见《亲征录》，此外无考。

蔑儿乞惕（Märkit），一名兀都亦惕（Uduyut），分为四部曰：兀

---

① "秕"，应作"秖"，即"只"。

洼思（Uvas）（见《元秘史》），曰麦古丹（Mo'udan）（见《亲征录》），余二部仅见剌失德丁书，也是突厥语系的部落；牧地似在薛灵哥（Sälängä）、斡儿寒（Orqan'Orkhon）流域。

克烈惕（Keräit），也是突厥语系的部落，牧地在斡儿寒、秃剌两河的流域，北邻蔑儿乞，东邻蒙古诸部，尤与孛儿只斤部紧接，所以他们的关系很密切；好像克烈部强时，孛儿只斤等部也臣属过。剌失德丁说除克烈本部外还有五个别部，中有三部可以在中国载籍中考见其名称，这就是只儿斤（Jirgin）、董合亦惕（Tonquit）、秃别干（Tubägän）三部，其名并见《元秘史》。秃别干在元代载籍中亦作土别燕，大约是脱落 g 声母，所以变成 Tubään 了。

乃蛮（Naiman），也是突厥语系的部落，牧地最广，东邻克烈，北邻乞儿吉思（Kirgiz）、谦谦州（Kamkamji'ut）两部，西邻康里，南以阿勒台（Altai）山为界，其中有个重要的部落名称古出古儿（Gučugur）。

兀儿速惕（Ursut）。

帖良古惕（Tälängut）。

客思的迷（Kestimi），此三部居地似在贝加尔湖西，同昂哥剌（Angara）河东之森林中。

林木中之兀良合惕，此部与蒙古诸部中的兀良合惕有别，似亦居同一地带之森林中；《元秘史》名此部曰槐因亦儿坚（Hoïnirgän），犹言林木中百姓。

斡亦剌惕（Oïlrat），好像是蒙古部落，不过牧地在蒙古诸部之外，处玉须（Yenisei）水上流谦（Käm）河一带，与乞儿吉思为邻。

乞儿吉思。

谦谦州，此二部居地在谦河沿岸。

巴儿忽惕（Barǧut），居贝加尔湖东，巴儿忽真（Barǧučin）河畔；其别部有四，在中国载籍中可考者有下列二部。

不里牙惕（Buriat）。

秃马惕（Tumat），此部亦称豁里秃马惕（Ǧori-Tumat），犹言老秃马惕也。

火儿罕（Ǧorqan），应是《亲征录》中之火鲁罕。

撒合亦惕（Saqaït），此二部居地未详。

汪古惕，居河套北，似属突厥语系部族；突厥语谓长城曰汪古，因以为部名。史亦名此部曰白达达，则为察罕塔塔儿之别译，然而必非塔塔儿部；至若名之曰白达达者，疑因其同塔塔儿部在东西两地同守金之边墙，金人或亦误称之曰塔塔儿欤？此说诚知薄弱，可是难得别解。

唐兀惕（Tangut），就是宁夏、甘肃、青海一带的西夏国；蒙古人先名此国曰河西，《元秘史》一讹而为合申（Qusin），后改称曰唐兀惕，此部既非东胡，亦非突厥。

亦必儿失必儿（Ibir-Sibir），此部似在乞儿吉思部之北，《元秘史》省称作失必儿，其全名见《元史·玉哇失传》。

（四）西域诸国

畏吾儿（Uigur），就是隋唐时代的回纥，被乞儿吉思（黠戛斯）破灭后，其残部徙居现在新疆东部，别失八里（Bešbaliq，今孚远北）、哈剌火州（Qara-Qojo，今吐鲁番东）等地。

哈剌鲁（Qarluq），居伊犁河流域，其中有个阿力麻里（Almalik）国，就是此部所建之一国。

哈剌契丹（Qara-Qitat），即史之西辽，建都于垂（Čui）河附近之八剌撒浑（Balasaǧun）；此国最强，畏吾儿、哈剌鲁等部以及西方诸国皆称藩于西辽。

河中，地在昔浑（Sihun，古药杀水）、只浑（Jihun，昔乌浒水，一名阿母河 Amu）二水之间；西辽曾在此地置河中府；本地亦有君主君临此地，建都于撒麻耳干（Samarkand），而称藩于西辽。欧洲人名此地曰 Transoxiane。

花剌子模（Khwarizm），地在阿母河与里海间，亦自成一国，建都于玉龙杰赤（Urginj）；盛吉思汗西征以前，此国最大。今之阿富汗斯坦（Afġanistan）、波斯（Parsa）两地皆列其版图。

报达（Baġdad），是黑衣大食（Abbasside）教主（Qalifa）之都城，时其国境日削，领地甚小。

鲁木（Rum）是小亚细亚之突厥蛮（Turkman）所建国，元代的拂菻，大概即指此国；可是拂菻有时与富浪（Farang, Frank）相混，富浪就是西亚人名称欧洲人之称。

苫国（Šam），就是欧洲人所称的西利亚（Syrie），此国常属密昔儿（Misr），密昔儿诸宗王常分藩于此。

密昔儿，就是欧洲人所称的埃及（Egypte）。

曲儿忒（Kurd）部，在波斯、鲁木两地之间。

谷儿只（Gurji, Georgie）国，在太和岭（Caucase）之南。

薛儿客速惕（Särkäsut, Circas）。

阿速（As），一名阿兰（Alain），此二部在太和岭北。

康里部，在咸海之北。

巴只吉惕（Bajigit），此部在札牙黑（Jayaq）水之上流，札牙黑今名兀剌勒（Ural）水。

不里阿耳（Bulgar），《元秘史》作孛剌儿，居地在昔亦的勒（Itil）、今窝勒伽（Volga）水之上流。

钦察（Qipeaq），即后之俄罗斯（Russie），当时领地尚小。

马札儿（Majar），即后之匈牙利（Hongrie）。

以上所列举的部族同国民，仅就东西载籍中可以比附的列举而已。此外《元秘史》同剌失德丁书还有许多名称，现在尚难比附，故从略。

这些部族皆是当时成吉思汗所征服、所蹂躏的部族，他首先利用札只剌、克烈两部的力量，将蒙古诸部统一；然后藉故征服克烈、乃蛮等部，畏吾儿、哈剌鲁两部畏威不战而降；由是南下，一面侵入西夏，一面利用汪古部作向导，侵入金国；同时又因为乃蛮王子夺据西辽帝位，又进兵西方，拓地至花剌子模国境；旋因花剌子模杀其遣派的商人，并攻击蒙古讨伐蔑儿乞部的军队，遂进兵入花剌子模，残破各地，分军逾太和岭，蹂躏欧洲东部；有史以来侵略家斥之广，无逾成吉思汗者也。

第二章　成吉思汗先世之传说

蒙古人在十三世纪以前，好像不知有文字，所以以前的事迹全凭传说，我们只能以传说目之，不可认其为史实。这种传说既凭口述，种类必多，可惜我们现在所知道的只有两说：一说是《元秘史》所传之说，蒙古源流之传说也可附于此类；一说是剌失德丁书之传说，《圣武亲征录》的传说与剌失德丁书大致相同；可惜译人将原文的卷首删了，仅始于也速该，使我们不能将原书所传之成吉思汗的先世取来对照剌失德丁书；《元史》世系表的传说同此说大同小异，也可附于这一类；我们以后省称前说为甲说，后说为乙说。

据乙说，成吉思汗诞生之两千年前，蒙古民族被其他民族所破灭，仅遗男女各二人，逃避一地，四面皆山，山名额儿格涅昆（Ärgänä-qun）；这个名称我以为应改作（Ärgunä-qun），因为波斯文字不著韵母，难免没有错误。我想就是现在的额尔古纳（Ärguna）河附近之一山崖，因为 qun 的本义犹言崖也。这部分的传说，除开年代可疑外，似乎有点近类真相。《旧唐书》曾说有蒙兀室韦，《南齐书》中著录有些鲜卑名称，似出蒙古语，可以证明当时的蒙古居地在黑龙江上流同呼伦淖尔一带，后来渐渐西徙，虽西徙，仍与弘吉剌、斡勒忽讷兀惕、亦乞剌思等部继续通婚姻，而这些部落皆在也儿古纳（额儿古纳）水附近也。

乙说又云，避难的后人因地狭人众，乃谋出山。先是其人常在其中采取铁矿，至是乃积木以焚矿穴，铁矿既镕，因辟一道，遂出山外，迁居到斡难、怯绿连、秃剌等水沿岸。这种捶铁的传说，同树瘿生子的传说，北方民族多有之。

迁居的后人有一人名孛儿帖赤那（Bortăčino），其意犹言苍狼，我想这也是北方民族通行的一种物语；据甲说，孛儿帖赤那传十一世而至朵奔蔑儿干（Dobun-Märgän），这十一世人名称：（一）巴塔赤罕；（二）塔马察；（三）豁里察儿蔑儿干；（四）阿兀站孛罗温；（五）撒里合察兀；（六）也客你敦；（七）挦锁赤；（八）合儿出；（九）孛儿只吉歹篯①儿干；（十）脱罗豁勒真伯颜；（十一）朵奔篯②儿干同其兄都蛙锁豁儿。

乙说少三世，无第五世，无第九世，无第十世。名称之不同的，则第三世人名为合卜出篯③儿干，第六世作你客你敦，第八世作合里合儿出。这些传说的异点，我以为没有甚么关系。比方也客你敦此言大眼，你客你敦此言一眼，因为这个一眼，所以又发生了都蛙锁豁儿额中生独眼，能望三程远之传说。

从前游牧部落常有掠取妇女的习惯，所以这类的事实在成吉思汗先世之传说中凡三见；《元秘史》虽说朵奔篯④儿干之妻秃马惕人阿阑豁阿是索来的，我想是抢来的，阿阑豁阿就是尼伦部的始祖。

朵奔篯⑤儿干娶了阿阑豁阿为妻以后，生了二子，一名不古讷台（Bugunutai），一名别勒古讷台（Belgunutai）。朵奔篯⑥儿干死后，阿阑豁阿寡居时又生三子，一名不忽合答吉，一名不合秃撒勒只，一名孛端察儿。先前的两个儿子疑心他母亲同伯岳吾氏的家人私通，阿阑豁阿乃告诉他们说，每夜有光从天窗入，变为淡黄色少年，因受孕遂生三子；这种不夫而孕、感梦生子的神话，到处皆有，亦不足为奇。后来这五个儿子成为别勒古讷惕、不古讷惕、合塔斤撒勒只兀惕、孛儿只斤五

---

① "篯"，应作"蔑"。
② 同上。
③ 同上。
④ 同上。
⑤ 同上。
⑥ 同上。

部之祖。

兄弟五人虏了一群游牧的人，中有一个孕妇，孛端察儿取以为妻。此妇所生前夫之子名曰札只剌歹，后为札答阑或札只剌惕部之祖。后又生一子曰巴阿里歹，为巴邻部之祖。孛端察儿又别娶妻，生子曰把林失亦剌秃合必赤（Barim-Širatu-Qabiči）。此人在乙说中则作不花（Buqa）。合必赤的母从嫁来的妇人做了孛端察儿的妾，生一子名沼兀列歹，后为沼兀列亦惕部之祖。

合必赤子名篾年士敦（Mänän-Tudun），生子七人，《元秘史》皆著其名，说第二至第六子是那牙勤、巴鲁剌思、不答安、阿答儿斤等部之祖。第七子纳臣（Način），为兀鲁兀惕、忙忽惕、失主兀惕、朵豁剌惕等部之祖。此说同乙说不合。

甲说的长子合赤曲鲁（Qači Küluq）生子名海都（Qaidu），然此二人在乙说中则同为一人；两说在此处大见纷①歧，乙说在此处多一种传说，据说札剌亦儿部人在怯绿连河上为契丹兵所败，有部人七十圈子（Kurä），逃到篾连士敦妻莫拿伦（Monulun）同他六子的牧地；札剌亦儿人饥困，在莫拿伦诸子练马的地方掘草根为食；莫拿伦见毁其地，怒甚，驱车伤数人；札剌亦儿人忿怨，尽驱莫拿伦马群以去；莫拿伦六子不及衣甲，驰逐与战，莫拿伦恐难胜敌，令诸子妇载甲追从之；然未及至，六子尽死；札剌亦儿人复还杀莫拿伦，仅其孙海都尚幼，乳母匿诸积薪中得免。如此看来，甲说六子之后为诸部祖一说，未足据也。

第七子纳臣（Način）娶巴儿忽惕部之女而留居其地；闻其母又诸兄死，遽还，见老妪数人与海都仅存，欲复仇，并夺还被掠之物，然苦无马，幸有一驿马中道逸归，纳臣得乘之往侦札剌亦儿人；路逢父子二人乘马拳鹰行猎。二人相距微远，纳臣识鹰为兄物，趋前给少者，询其是否见有一赤马引群马东行。少者答曰否。转问纳臣来地有否凫雁。纳臣曰有，愿导之至其地。行至河隈，出不意刺杀之，系马与鹰，趋迎后骑，绐之如初。后骑问其子何为久卧不起。纳臣以鼻衄对，乘隙又刺杀

---

① "纷"，今写作"分"。

之。远见山谷中有马数百，童子数人守之，方掷石为戏；纳臣乘高四顾，见无来人，乃尽杀童子，驱马拏鹰而还。取海都并诸老妪赴巴儿忽惕之地。

海都稍长，纳臣率巴儿忽惕之民奉之为主，以兵攻札剌亦儿部而役属之。海都生三子，长名伯升豁儿（Bai-Singor），次名察剌孩领昆（Čaragai Linqum），三名抄真斡儿帖该。伯升豁儿生子曰屯必乃（Tumbinai），是为成吉思汗之四世祖。察剌孩生三子，长名莎儿合秃赤那（Šorqatu Čino），即是《元秘史》之想昆必勒格（Sängün Bilgä）。想昆疑是"将军"二字之讹译；必勒格唐译作毗伽，此言贤也。想昆必勒格生子名俺巴孩（Ambagai），为泰亦赤兀惕之祖。后察剌孩取嫂为妻，甲说生一子曰别速台（Basutai），为别速惕部之祖。乙说生二子，曰坚都赤那，曰斡罗黑真赤那，二人之后为赤那思部。抄真斡儿帖该，甲说谓生子六人，一名斡罗纳儿，一名晃豁坛，一名阿鲁剌惕，一名雪你惕，一名合卜秃儿合思，一名格泥格思，后成六部之祖。即以人名为部名。乙说谓抄真斡儿帖该为失主兀惕部之祖。

屯必乃，甲说生二子，一名合不勒罕，一名挦薛赤列（Sim Säčilä）。乙说中之剌失德丁书谓生九子，长子札黑速，为那牙勤、兀鲁兀惕、忙忽惕三部之祖。次子把林失剌秃合必赤，此人在甲说中为孛端察儿子，乙说缺，疑误置于此。三子合出里，为巴鲁剌思部之祖。四子寻合赤温，为阿答儿斤部之祖。五子不答乞勒该（Buda-Kilgai），为不答阿惕部之祖。六子合不勒罕，为乞牙惕部之祖。七子兀都儿伯颜，为札只剌惕部之祖。八子孛端察儿朵豁阑，为朵豁剌惕部之祖。九子赤纳台斡赤斤，为亦速惕部之祖。乙说中之《元史》，谓有六子，长子曰葛兀虎，为那牙勤部之祖。次子曰葛忽剌急哩怛，为大巴鲁剌思部之祖。三子曰合产，为小巴鲁剌思部之祖。四子曰哈剌喇歹，为不答阿惕部之祖。五子曰葛赤温，即合赤温之别译，为阿答儿斤部之祖。六子曰葛不律寒，即合不勒罕（Qabul-qan）。

合不勒罕是成吉思汗之三世祖。生七子：长曰斡勤巴儿合黑，次曰把儿坛把阿秃儿（Bartan Ba'atur），三曰忽秃黑秃蒙古儿（Qutuqtu Mongur），四曰合丹把阿秃儿（Qadan Ba'atur），五曰忽图剌可汗（Qutula Qǧgan），六曰忽阑把阿秃儿（Qulan Ba'atur），七曰脱端斡赤斤（Todan Otčigin）。

相传合不勒罕入朝金主，金主惊其食量过人。一日合不勒罕酒醉，捋金主须，酒醒请罪；金主笑释不问，厚赠而遣之归。合不勒罕甫行，金主之臣言其恐为边患，金主乃遣使要之返；合不勒罕不受命，使者执之；合不勒罕乘间脱归，使者踵至，合不勒罕命左右杀使者。

当时，尼伦诸部以乞牙惕、泰亦赤兀惕两部为最强，常相代为诸部长。合不勒罕死，俺巴孩可汗继立，始与塔塔儿部结怨。合不勒罕妻弟赛因的斤（Saïn Tägin）构疾，延塔塔儿部之珊蛮（Šam-an）治之；珊蛮者，兼医与巫之术士也，治之不效而死；赛因的斤之亲族追及珊蛮杀之；塔塔儿部人怒，起兵复仇。合不勒罕诸子助母族与之战于捕鱼儿、阔涟（Kölän，呼伦淖尔）两海子之间，未有胜负。其后俺巴孩求妻（甲说嫁女）于塔塔儿部，塔塔儿部人乘机报怨，执俺巴孩送于金主；金主方挟前此合不勒罕杀使之忿，钉俺巴孩于木驴上杀之。先是乞牙惕、主儿勤部长斡勤巴儿合黑（合不勒罕子）亦为塔塔儿部执送金国，其被害与俺巴孩同。俺巴孩既死，合不勒罕第五子忽图剌可汗继立，与俺巴孩子合丹太师（Qadan Taiši）等谋复仇，举兵入金界，大掠而还。金遣兵讨之，连年不能克，乃议和，割西平河北二十七团寨与之，岁遗牛羊米豆。时在一一四七年也。

由是忽图剌成为蒙古之英雄。蒙古人誉其歌声洪亮，如雷鸣山中，两手力强，有如熊爪，能折人为两截，易如折箭。相传冬夜燃巨木取暖，忽图剌裸卧火旁，火星炭屑坠其身而不觉，醒后以灼伤为虫螫。工饮啖，日食能尽一羊，饮马湩无算。

忽图剌攻金还，与所部数人行猎，遇蒙古朵儿边部之战士，被袭击，从者皆逃；忽图剌马陷于淖，泥没马颈，亟登鞍跃登彼岸；朵儿边人追至对岸，见其无马，乃曰，一蒙古人无马者尚何能为，遂释不追。

从者还传其死耗，成吉思汗父也速该已持馔往奠。忽图刺妻不信其死，曰："其声震天，手如三岁熊爪之战士，必不为朵儿边人所得，其晚归必有故，不久必见其至。"

　　忽图刺待敌退，还至淖，执马鬣引之出，重上马，自念曰："我为此辈所袭击，不能无所得而归。"见有马群经过朵儿边之地，急跃登其引马，驱马群而归。

　　忽图刺兄把儿坛把阿秃儿，成吉思汗之祖也。生四子：长忙格秃乞颜（Mongätu Kiyan），次捏坤太师（Näkun Taiši），三即也速该，把阿秃儿为乞牙惕、孛儿只斤部之长，四答里台斡赤斤（Daritai Otčigin）。后忽图刺死，尼伦诸部以也速该英勇，遂推之为诸部长。

　　先是兀都亦惕、蔑儿乞部长脱黑脱阿（Toqto'a）之弟也客赤列都（Yäkä Čilätu）娶妻于弘吉刺之别部斡勒忽讷惕部。偕妻归，路过斡难河畔，也速该适放鹰，见赤列都妻有姿色，即还家召其兄捏坤太师、弟答里台斡赤斤同往掳之。赤列都见三人来意不善，弃其妻而逃。也速该遂取以为妻，此即成吉思汗之母月伦额格（Ǔ'älun ägä）。月伦额格犹言云母，《元秘史》作诃额仑兀真（Hö'älun-ujin），犹言云夫人。成吉思汗诸妻之位高者，仅有兀真之号，兀真即是汉语夫人之讹译，具见当时蒙古诸部仅知夫人为尊称，尚不知有太后、皇后之号。《元史》所谓宣懿皇后，盖汉人之尊称也。

　　乞牙惕诸部因塔塔儿部缚送俺巴孩于金国之恨，常与之战，相传战十三次未能复仇。一一五五年，也速该与塔塔儿战，俘塔塔儿部二人，其中一人名帖木真兀格（Tämučin-Ugä）。当时月伦额格适在斡难河之迭里温孛勒答黑（Däli'un Buldaq，犹言源头之山），产生一子，蒙古人常以初见之人物或初闻之事为新产子名，故也速该名其子曰帖木真。后又生三子，曰拙赤合撒儿（Joči-Qasar），曰合赤温（Qači'un），曰帖木格斡惕赤斤（Tämugä Otčigin），一女曰帖木仑（Tämulun），后嫁亦乞刺思部人不秃（Butu）。

　　帖木真年十三岁时，也速该拿之往舅家之斡勒忽讷惕部，欲为之乞婚。路过扯克扯儿（Čäkčcär）、赤忽儿古（Čiqurgu）两山之间，遇弘吉剌部人德薛禅（Täin Säčan）。德薛禅奇帖木真貌，以己女孛儿帖（Bortä）字之。也速该遂留其子于德薛禅所。独归，路经扯克扯儿山之失剌川（Šira Kä'är，按客额儿元人常译作川，专指平野而言），遇塔塔儿部人聚食；也速该至，塔塔儿人识之，忆前此部人被俘之恨，置毒于食饮之。也速该行三日至家，病甚，知中毒，乃托其妻子于晃豁坛部察剌合（Čaraqa）老人之子蒙力克（Mulik）。此蒙力克即成吉思汗母月伦额格之后夫，而诸功臣中之长也。

第三章　依附王罕时代之帖木真

当时尼伦诸部以乞牙惕、泰亦赤兀惕两部为最强，递相为诸部长。也速该死时似在一一六七年。帖木真仅年十三岁，诸部人当然复归泰亦赤兀惕部。时泰亦赤兀惕部中诸部长，以塔儿忽台乞邻勒秃黑（Tarǧutai Kiriltuq）为最强。塔儿忽台者，俺巴孩子合丹太师子阿答勒罕（Adal-qan）之子也。是年春间，因祭祀与月伦额格有违言，泰亦赤兀惕部人遂弃月伦母子而去。也速该旧部亦弃月伦母子而从泰亦赤兀惕部。嗣后月伦掘草根、野蔬以养诸子，诸子等猎渔以奉其母。帖木真除同母弟三人外，尚有异母弟二人，曰别克帖儿（Bäktär），曰别勒古台（Bälgutai）。一日帖木真因异母弟二人夺其所钓之鱼及所猎之鸟，遂共合撒儿射杀别克帖儿。

久之，泰亦赤兀惕部之塔儿忽台恐所弃之帖木真兄弟等长成为患，率其部众来踪迹之。帖木真母子惧，别勒古台于密林中伐木作寨，将弟妹中之最小者合赤温、帖木格、帖木仑三人藏于崖洞间，合撒儿独执弓矢出门。泰亦赤兀惕人大声语之曰，但取汝兄帖木真，他人不取。帖木真惧，策马入山，泰亦赤兀惕人瞥见尾之。至帖儿古捏山（Tärgunä undur），帖木真窜匿密林中，追者不能入，围守之。逾三宿，帖木真率马欲出，马鞍忽坠，视之，胸腹间鞘叩如故；私念腹鞘未脱，鞍落犹可，胸鞘坚叩，鞍何由落，岂天意阻我耶！复还。又三宿将出，一白石大若行帐倒塞林口，曰：殆天意阻我！仍还。又三宿，糇粮罄竭，则复私念曰：如是饿死无名，不如径出，乃取所佩削箭刀斫林口石边丛薄，开径牵马下山,为泰亦赤兀惕逻者所执。塔儿忽台以枷置其项。闻帖木真荷枷时,有老妪为之理发,并以毡隔枷创处。已而帖木真得脱走,藏斡难河之一溜道中,沉身于水,但露其鼻,以通呼吸,泰亦赤兀惕人穷搜而不能得。有速勒都思部人锁儿罕失剌（Sorqan Šira）经其所,独见之,待追者去,救之出水,脱其枷而负之归,藏之盛羊毛车中。泰亦赤兀惕人至锁儿罕失剌帐,穷搜之,且以杖抵羊毛中,竟未得。搜者去后,锁儿罕失剌以牝马一匹并炙肉、兵器赠帖木真而遣之归。

帖木真循其母弟之迹,至豁儿出恢山（Ǧorčuquï Buldaq）,始与相值。遂南逾不儿罕合勒敦（Burqan Qaldun）山至阔阔海子（Kökö na'ur）,捕土拨鼠、野鼠为食。后因失马求盗,道逢阿鲁剌惕部人孛斡儿出（Bo,orču）;孛斡儿出偕之求得所失马。已而投帖木真所相依不离。旋又有兀良合部的扎儿赤兀歹（Jarči'udai）老人送其子者勒篾（Jälmä）至,由是帖木真始有伴侣。

先是帖木真得失马还家后,沿怯绿连河至德薛禅所,德薛禅以其女孛儿帖妻之。帖木真偕其妻还。孛儿帖奉黑貂袄一袭为见翁姑礼物。帖木真即以此袄献克烈部长脱忽里勒（Toğril）,脱忽里勒喜,许为之完聚已散之部众。

时有兀都亦惕蔑儿乞部长脱黑脱阿,因挟也速该夺其弟赤列都妻之旧恨,纠合兀洼思蔑儿乞部长答亦儿匹孙（Daïr-Usun）、合阿惕蔑儿乞（Qa'at Märkit）部长答儿马剌（Tarmala）,率三百人来掩袭帖木真。帖木真全家皆逃入不儿罕山中,唯孛儿帖及别勒古台之母无马,为蔑儿乞人所得。蔑儿乞人三绕不儿罕山,不得帖木真,脱黑脱阿遂以孛儿帖配赤列都之弟赤勒格儿（Čilgär）,各还本部以去。帖木真伏山中不敢出,使孛斡儿出、者勒篾、别勒古台三人尾随侦察,三宿后,审知篾①儿乞人远去,始下山来,捶胸告天曰:"我命蒙不儿罕山遮护,此后我与子孙永祀不忘。"告毕,解腰带挂项上,脱帽挂手上,九拜,酾马湩酹之。

---

① "篾",应作"蔑"。

当时诸部落之最强者，东有塔塔儿，世与蒙古诸部为仇。蒙古诸部中泰亦赤兀惕部较强，但有部长数人分主此部，势渐衰，诸部之人多依札只剌部长札木合（Jamuqa）。西方则以突厥种之克烈、乃蛮两部为最大，克烈部与孛儿只斤部邻，且曾得也速该之助。帖木真妻被掠，遂奔告克烈部长脱忽里勒。

先是克烈部长马儿古思不亦鲁（Marguz Buiruq）曾为塔塔儿部长纳兀儿不亦鲁（Na'ur Buïruq）所俘，献之金主，钉于木驴杀之。马儿古思妻谋复仇，伪降纳兀儿，献羊百头、牝马十匹，马湩百囊，囊盛一人，各执兵器，乘宴时出，杀塔塔儿部长及列席之塔塔儿部人。马儿古思遗二子，曰忽儿察忽思不亦鲁（Qurjaquz Buïruq），曰古儿罕（Gurqan），忽儿察忽思嗣位，及其死也，遗六子，曰脱忽里勒，曰太帖木儿（Tai Tämur），曰不花帖木儿（Buqa Tämur），曰额儿客合剌（Ärkä Qara），曰必勒格（Bilgä），曰札合敢不（Ja'agambu）。脱忽里勒杀太帖木儿、不花帖木儿二弟及侄数人，夺部长位，金主册封之为王；复自以汗号列王号下，故名王罕（On-qan）。其叔古儿罕逃依乃蛮部主亦难赤必勒格（Inalči Bilgä），亦难赤以兵助古儿罕，逐脱忽里勒，脱忽里勒奔投帖木真父也速该所。也速该亲将兵逐古儿罕，迫之走西夏。复夺部众归之王罕，王罕感之，遂与也速该誓为安答（Anda）。安答，蒙古语犹言盟友也。至是帖木真来乞师，王罕许为右手军。命帖木真约札只剌部长札木合为左手军。时札木合牧地在斡难河畔，许助帖木真，即发所部万人，并发帖木真父旧属诸部之来附者万人，约会师于斡难河源。王罕自将万人，其弟札合敢不别将万人，进至所约之地，与札木合军合，进至勒勒豁（Rilǧo）河畔，乘夜结筏渡河，直捣不兀剌川（Bu'ura ka'är）。河旁有脱黑脱阿之渔夫猎人，闻警奔告，脱黑脱阿与答亦儿兀孙挈左右数人罄身循薛灵哥河走入巴儿忽真之地。蔑儿乞部之人亦连夜沿薛灵哥河溃走，帖木真在逃民中得其妻孛儿帖，俘答儿马剌。别勒古台之母羞见其子，走入密林不知所终。别勒古台遂尽杀前绕不儿罕山之三百人。帖木真、王罕、札木合合军残蔑儿乞之地，毁其庐帐，掠其妇女。自斡儿寒、薛灵哥两水间塔儿浑阿剌勒（Tarġun Aral）之地退军，王罕东还秃剌河之黑林（Qaratun），帖木真与札木合自幼结为安答，至是遂偕之同还豁儿豁纳黑主不儿（Ǧorǧomaq Jubur）之地。

以上据《元秘史》之说，然考剌失德丁书，则谓未曾用兵，王罕曾为帖木真索孛儿帖于蔑儿乞。蔑儿乞释之归。帖木真遣人迎之，孛儿帖在道产一子，迎者抟面裹之，盛之袍角中，载之马上而送之归，遂名此子曰拙赤（Joči）。拙赤，蒙古语犹言客也。此事似在一一七七年前后，多桑（D'Ohsson）书谓拙赤殁年三十余之说显误，缘窝阔台（Ogotai）汗死于一二四一年，得年五十六岁，则应生于一一八六年。若谓死于一二二五年之拙赤仅年三十余，则兄年少于弟矣。似以《元史译文证补》拙赤年四十八九之说为长。故位此役在一一七七年前后，时帖木真年约二十三岁也。

《元秘史》谓帖木真与札木合共处一年有半，因札木合喜新厌旧，遂乘夜离去。次日黎明，诸部之人相约来归云云。我以为《秘史》此处必有所讳。盖帖木真一生始终用权谋，决不因此微故弃札木合去；其与札木合共处年余，必有所图；疑其曾利用此时间诱聚诸部之人从己；及事已成熟，遂出走；诸部人先既有约，故随其后行。《秘史》不明言者，特示天与人归之意而已。

诸部之人先后来从者，有帖木真伯父蒙格秃乞颜，之子翁古儿（Ongur），率敞失兀惕（此部未详，在《元秘史》卷九又作敝失兀惕）、伯岳吾惕两部之人至，伯父捏坤太师之子忽察儿别乞（Qučar Bäki），叔父答里台斡赤斤，斡勒巴儿合黑子莎儿合秃主儿乞（Šorqatu Jurki）之二子撒察别乞（Sača Bäki）、泰出（Taiču）率主儿勤部，忽秃剌可汗子阿勒坛（Altan）率所部，俱至，此皆帖木真同族之人也。其余杂有札剌亦儿、巴鲁剌思、忙忽、阿鲁剌思、兀良合、别速惕、速勒都思、晃豁坛、斡勒忽讷兀惕、火鲁剌思、朵儿边、亦乞剌思、那牙勤、巴邻、格泥格思、札只剌、撒合亦惕诸部之人。其中最著名者有巴鲁剌思部之忽必来（Qubilai）、兀良合部之速不台（Subutai, Subä, ätai），帖木真妹婿亦乞列思部之不秃，巴邻部之豁儿赤兀孙（Ǧorči-Usun）等；帖木真合诸部族进至阔阔海子，时豁儿赤兀孙伪托祖言，谓札木合当败，帖木真当兴，于是阿勒坛、忽察儿、撒察别乞共议推帖木真为汗。帖木真次第让三人及叔父答里台，四人皆辞，帖木真乃受汗号，其事似在一一八九年也。（年代据《蒙古源流》）帖木真遣人告即位于克烈部长脱忽里勒、札只剌部长札木合；脱忽里勒谓蒙古立汗之举诚是；札木合则以部众离去，颇怨阿勒坛、忽察儿二人从中离间，曾语使者曰："愿帖木真安答好自为之！"

后有札木合弟塔合察儿（Taqačar）牧地在斡列该泉（Olgaibulaq）者，进掠撒里川（Sa'ari kä'är）帖木真伴当札剌亦儿人拙赤答儿马剌（Joči Tarmala）之马群，答儿马剌匿马群中，射杀塔合察儿，札木合以是为隙，遂纠合泰亦赤兀、亦乞剌思、兀鲁兀、那牙勤、巴鲁剌思、巴邻、火鲁剌思等部之众三万人，进击帖木真。不秃之父闻其事，急遣人告变。帖木真时在古连勒古（Gulälgu）之地，闻警亦发诸部之众十三翼共三万人，迎札木合军，战于答阑巴勒主惕（Dalan Baljut），帖木真兵败，退守斡难河畔险隘之地，札木合乃回军，道经赤那思部地，执其部长等之附帖木真者分七十镬烹之。

已而有兀鲁兀部之主儿扯歹（Jurčatai）、忙忽部之忽亦勒答儿（Ǧüildar），各率其族弃札木合而投帖木真。晃豁坛部之蒙力克亦携其七子至，帖木真败后部众复增，甚喜，乃于斡难河畔设宴以享部众，在宴中与主儿勤部失和。

一一九四年，塔塔儿部之一部长蔑古真薛兀勒图（Mägučin Sä'ultu）叛金，金主命右丞相完颜襄北伐，并命诸部发兵随军讨叛，帖木真闻之甚喜，以父祖之仇可以乘机报复，遣使约克烈部长脱忽里勒及主儿勤部长撒察别乞泰出各以兵来会。脱忽里勒亲率兵至，主儿勤部因有前隙不至。会塔塔儿部为金兵败于怯绿连河，溃众北退浯泐札（Ulja）河，帖木真与脱忽里勒夹击之，杀蔑古真，获其辎重牲畜。塔塔儿部在诸部中为最富，帖木真获大珠衾银绷车各一。蒙古诸部最贫，从未获见此物，获之以后，颇炫其事。完颜襄赏帖木真功，授以札兀惕忽里（Ja'ut Quri）之号，并承制以王号授脱忽里勒。

帖木真起兵击塔塔儿时，留部众老小于哈沣渤秃（Qariltu）海子，主儿勤部进袭之，杀十人，剥五十人衣。帖木真怒，率军往讨，败之于怯绿连河畔，尽虏其众，撒察别乞、泰出二人罄身逃走。在主儿勤营得一儿名孛罗兀勒（Boro'ul），许兀真部人也，付其母月伦额格养之。前后计在敌营得养子四人，一为在蔑儿乞营所得蔑儿乞部之曲出（Güču），一为在泰亦赤兀营中所得之别速惕人阔阔出（Kököču），一为塔塔儿营中所得之塔塔儿人失吉忽秃忽（Šigi Qutuqu），并孛罗兀勒为四，时札剌亦儿部人木华黎（Muqali）等投帖木真所。

先是王罕弟额儿客合剌以王罕多杀昆弟，亡入乃蛮，乃蛮部长兹乘王罕率师在外，发兵尽夺克烈部众以付额儿客合剌，王罕失众奔西辽，其弟札合敢不奔投帖木真，克烈部之秃别干、董合惕两部溃众亦随之投帖木真所。

王罕求援西辽不能得其助，遂东归，在道资粮罄绝，仅余山羊数头，取其乳为食。一一九六年春，行至古泄兀儿（Gusä'ur）海子，使人告难于帖木真。帖木真自怯绿连河上流亲迎抚劳，征牲畜于部众以赈给之。王罕遂复有克烈都①众。是秋，二人会于秃剌河上之黑林，重申父子之盟。一一九七年春二人合讨主儿勤部之撒察别乞、泰出二人，擒斩之。

一一九七年秋，王罕与帖木真共击兀都亦惕蔑儿乞部，败之于薛灵哥河附近木鲁彻（Muluči）之地，帖木真尽以其所获馈王罕。一一九八年，王罕部众稍集，遂不约帖木真，自击蔑儿乞部，败之于不兀剌川，杀脱黑脱阿之子脱古思别乞（Toguz Biki），掳其二女，并招其二子忽秃（Qutu）、赤剌温（Čila'un）率其部众来降。王罕大获而归，不以所得馈帖木真，脱黑脱阿遁走巴儿忽真之隘。

一一九九年，王罕、帖木真共击乃蛮。先是乃蛮部长亦难赤必勒格

---

① "都"，应作"部"。

死，二子台不花（Tai Buqa）、不亦鲁（Buïruq）争父妾，因结怨；不亦鲁率所部退居阿勒台山南乞湿泐巴失（Kizilbaši）海子附近之山地，台不花则保父牧地而有其平原。金主册封台不花为王，故亦号大王。蒙古语讹大王为大阳，故在史书中名台不花曰大阳汗。兄弟二人既交恶，帖木真与王罕乃乘机袭击不亦鲁，逾阿勒台山循兀泷古（Urungu）河，败之于乞湿泐巴失海子，夺其人畜甚众，不亦鲁遁走谦谦州之地。是冬，王罕、帖木真师还，乃蛮有骁将撒卜剌黑（Sabraq）而别号卫克薛兀（Köksä'u）者，屯军于巴亦答剌黑别勒赤儿（Baïdaraq Bälčir），欲邀击之。日暮两军对宿，时札只剌部长札木合谮帖木真于王罕曰：帖木真安答曾遣使于乃蛮，有降乃蛮意。王罕为所动，乃多燃火于阵地，潜移师去。帖木真见王罕弃己而去，亦退还撒里川。撒卜剌黑追王罕至额垤儿阿勒台（Ädär-Altai），遇王罕弟必勒格、札合敢不二人，夺其眷属、牲畜，进兵掠克烈部边地之人畜。时脱黑脱阿二子之降王罕者，乘机率所部走薛灵哥河与其父合。必勒格、札合敢不二人为乃蛮所袭，仅以身免，奔告王罕。王罕命其子亦勒合鲜昆（Ilqa Sängum）往御，且遣使乞师于帖木真，帖木真亟遣四杰率师往援。四杰者，孛斡儿出、木华黎、孛罗忽勒及锁儿罕失剌子赤剌温（Čila'un）也，援师未至，鲜昆已败，几被擒，孛斡儿出等至，击退乃蛮，以所夺还之人畜尽归王罕，王罕德之，以衣一袭、金盏十，赐孛斡①儿出。

已而脱黑脱阿遣其二弟求援泰亦赤兀部，泰亦赤兀诸部长汪忽哈忽出（Onğu Hağuču）、忽里勒（Quril）、忽都答儿（Qududar）、塔儿忽台乞里勒秃黑等，会兵于斡难河畔之沙漠中。一二〇〇年春，王罕与帖木真会师于撒里川，共击泰亦赤兀部，败之，追擒忽都答儿、塔儿忽台于月良兀惕秃剌思（Ölängut Turas），杀之。杀塔儿忽台者，锁儿罕失剌子赤剌温也。汪忽哈忽出偕脱黑脱阿之二弟遁走巴儿忽真隘，忽里勒奔乃蛮。

---

① "斡"，应作"斡"。

先是数年前，帖木真曾遣使至合塔斤、撒勒只兀二部约与联合，二部之人俱不从，詈辱使者，反与泰亦赤兀部相结，久与帖木真战。至是二部皆不自安，乃约朵儿边、弘吉剌、塔塔儿等部部长会盟。诸部长共举刀斫一马、一牛、一羊、一犬、一山羊，为誓曰："天地听之！兹以诸牲之血为誓，其背盟者，有如诸牲！"遂相约合击帖木真。弘吉剌人德薛禅，帖木真之妻父也，遣人告变于帖木真；帖木真自斡难河附近之忽儿屯（Qurtun）海子迎战于捕鱼儿海子，击溃诸部之众。

是年，王罕驻冬于忽巴合牙（Qubaqaya）之地，其弟克烈台（Keräitai）而以唐兀称号札合敢不著名者，密与克烈部四将谋图其兄，事泄，王罕释不问，然札合敢不不自安，遂奔乃蛮，投大阳罕。

一二〇一年春，蔑儿乞部长阿剌兀都儿（Alaq Udur）、泰亦赤兀部长合儿罕太师（Qarqan Taiši）、塔塔儿部长察兀忽儿（Čaʼuqur）等合兵共击帖木真，帖木真迎击败之，尽掠其物而还。

是年，弘吉剌、亦乞剌思、火鲁剌思、朵儿边、塔塔儿、合塔斤、撒勒只兀诸部会于刊（Kan）河，共立札木合为古儿汗（Gurqan）。古儿汗，犹言普汗也。已而会盟于兀勒灰（Ulǧuï Bulaq），为誓曰："凡我同盟有泄此谋者，如岸之摧，如林之伐！"言毕同举足踢岸，挥刀斫林，驰众驱马，进击帖木真、王罕。有火鲁剌思人名豁里歹（Ǧoridai）者，奔告帖木真，帖木真与王罕迎战，败之；扎木合遁走，弘吉剌部降帖木真，已而复叛而去。

一二〇二年春，帖木真自兀勒灰河进击塔塔儿部。塔塔儿时分六部，以都塔兀惕部为最强。帖木真未战之先，令于军曰："苟破敌逐北，见物勿取，须战毕共分之；若我军退至原布阵地，必翻回力战，否则斩！"遂战于答阑捏木儿格思（Dalan Nämurgäs），败阿勒赤塔塔儿、察罕塔塔儿两部之众。帖木真叔答里台，从叔阿勒坛，从弟忽察儿，违令掠物，帖木真命尽夺其所获，散之军中，三人遂怨，后投王罕所，唆使王罕与帖木真失和。

蔑儿乞部长脱黑脱阿自巴儿忽真还，进击帖木真，不胜，乞援于乃蛮部长弟不亦鲁；不亦鲁纠合泰亦赤兀、朵儿边、塔塔儿、合塔斤、撒勒只兀、斡亦刺诸部之众，一二〇二年秋，连兵进击王罕、帖木真。王罕、帖木真自兀勒灰河退走合刺温赤敦（Qara'un Čitun）山中；诸部兵蹑迹入山，会大雪严寒，士卒四肢多僵冻，入夜人马纷坠悬崖下；及出险，至阔亦田（Köitän）之地，不复成列，乃各还本部。札木合率师来应，见事败，叹曰："天不佑我！"亦沿额儿古纳河而退，沿途掠诸部之立己为汗者。于是王罕追札木合，札木合旋降王罕。帖木真追泰亦赤兀部长汪忽哈忽出，汪忽哈忽出还起部众，渡斡难河整军以待；帖木真与战，颈被伤流血；日暮列阵对宿，泰亦赤兀部宵溃，帖木真遂尽杀汪忽哈忽出等之子孙。先是别速部人者别（Jäbä）为泰亦赤兀部将，在阔亦田随众溃走，逃匿不出；帖木真一日出猎，偶见其在围中，欲进擒之。其将孛斡儿出请与之斗，帖木真以白口之马假之，孛斡儿出射者别不中；者别射较精，回射中马项骨折而毙，遂得脱走。至是困甚，遂降帖木真，帖木真知其勇，命为十夫长，后以功历擢为万夫长。

  既而帖木真与王罕共会于阿刺勒（Aral）河畔，同逾金边墙，驻冬于合刺温赤敦山附近之阿勒赤阿晃火儿（Alči'a Qonǧor）之地，此地昔为弘吉刺部驻冬之所，后日忽必烈（Qubilai）、阿里不哥（Ariq Bögä）兄弟二人会战之昔木勒台（Simultai）即在附近。帖木真为其长子拙赤求婚王罕之女察兀儿别乞（Ča'ur Bäki），并请以己女豁真别乞（Ǧočin Bäki）字鲜昆之子秃撒合（Tusaqa），然俱不谐。至是帖木真与王罕合作之事遂终，而帖木真独立之事业开始矣。

第四章　平克烈、乃蛮诸部

　　帖木真败乃蛮后，欲进击札木合。已而见王罕受札木合降，颇不悦。一日语王罕曰："我之附君，犹沙漠中之白翎雀，冬夏皆居北地；至汝其他诸臣，则如鸿雁，冬近向南飞矣。"（一说此语属札木合）王罕因疑札木合，而札木合亦乘双方婚事之不谐，谮帖木真于鲜昆，谓其密与乃蛮通谋，二人遂相约图之，并引来投王罕之帖木真叔父答里台、从叔阿勒坛、从弟忽察儿三人，及蒙古部长二人同谋；鲜昆以告王罕，王罕不从，鲜昆仍欲图之。一二〇三年春，伪若许以己妹字拙赤，遣人往延帖木真来赴许婚宴，欲乘机擒之。帖木真信为实，偕十人往，路经晃豁坛人蒙力克额赤格帐，额赤格（äčigä），蒙古语犹言父，缘帖木真母月伦额格曾改嫁蒙力克，故帖木真称之为父也。蒙力克洞悉其诈，劝其勿赴，帖木真因推春间马瘦，遂折还。

　　鲜昆见帖木真不至，谋进袭之。有蒙古客里古惕（Käligut）部二人，曰乞失里黑（Qišliq），曰巴歹（Badai），牧马于阿勒坛弟也客扯连（Yäkäčärän）所；闻其谋，即夜驰赴帖木真所告变，帖木真亟弃其辎重，避于卯温都儿（Mau Undur）山阴。明日午后，憩于合剌合勒只惕沙陀（Qalaqaljit ält），遣人赴卯温都儿诇来兵。近山有红柳林，帖木真侄阿勒赤歹（Alčitai）有牧人二，适在彼处牧马，见克烈军至，急还报，帖木真亟上马备战。日甫出，两军已相见，帖木真士卒少，与诸将议退敌策，忙忽部人忽亦勒答儿率其部众奋勇先进，植其纛于敌后高岗上；主儿扯歹率兀鲁兀部继进，帖木真率余军进援。克烈部之只儿斤部，在克烈诸部中为最勇，先退，董合亦惕部亦却，蒙古军进逼王罕获卫，主儿扯歹射鲜昆中其腮。唯蒙古军终以众寡不敌，忽亦勒答儿受伤坠马，帖木真亟引军沿兀勒灰河上行，退入答阑捏木儿格思之地。王罕亦退。既而帖木真溃卒稍集，得四千六百人，循合勒合（Qalqa）河行，猎以求食。忽亦勒答儿创重死，在合勒合河入捕鱼儿海子处，招降弘吉剌之一部。已而进营于统格（Tongä）水畔，遣使赴王罕所而责之曰：

"汗父！昔不亦鲁汗死后，汝据大位，杀兄弟二人，汝叔古儿汗逼汝走合剌温隘（Qara'un Qabčal），汝在其地被围，非我父汝安能脱？我父以援兵授汝，汝藉此兵击走古儿汗，迫之仅余二三十人，逃往河西之地，不复归。由是汝与我父结为安答，而我尊汝为汗父，是我有造于汝者一也！"

"汝为乃蛮所攻，汝弟札合敢不在女真境，我亟遣人召还；在中道又为蔑儿乞部人所逼，我曾因此杀兄诛弟，此我有造于汝者二也！"

"汝困迫来归时，衣弊见体，如日之穿云，饥疲行迟，如火之将息，我即起兵进击营于木鲁彻之诸部，夺其羊马辎重，悉以付汝；汝前瘦弱，半月之间使汝丰肥，此我有造于汝者三也！"

"蔑儿乞部营于不兀剌州之时，我曾遣使至脱黑脱阿所，名曰使者，实为间谍；汝乘机进击此部，不先告我，夺脱黑脱阿与其弟之妻，掳其弟与子，掠忽都亦惕蔑儿乞部，而不以一物馈我。已而可克薛兀、撒卜剌黑率乃蛮部众掠汝之民，我遣四杰率兵战败之，尽归所掠于汝，是我有造于汝者四也！"

"我如山鹰，飞逾捕鱼儿海子，为汝捕青足灰羽之鹤，此为谁？朵儿边、塔塔儿两部是也。旋又逾阔连海子，为汝捕青足之鹤，此为谁？合塔斤、撒勒只兀、弘吉剌三部是也。是我有造于汝者五也！"

"汗父！汝应忆及勺儿合勒崑（Jorqal-qun）山侧合剌（Qara）河畔我二人互约之语，如有毒蛇处我二人之间，使我二人语言奋激，勿中其计，绝交以前，必须当面剖诉。然汝不先察人言，而欲绝我，遽以我为汝降服之诸部而攻我，不求宁息，使汝诸子安卧。我为汝子，从未言所得过少，意欲加多，亦未言所得过劣，意欲更善。譬如一车双轮，偶碎其一，强使驾车之牛努力引车，必致伤颈。解其羁勒，车既不行，盗必取之。不解羁勒，则牛将饿毙。我非汝车之一轮乎？"（此据剌失德丁书，故与前述之事微有出入。）

帖木真并命使者传语于其从父阿勒坛及从弟忽察儿曰："汝等今欲杀我，然我先曾语把儿坛把阿秃儿诸子及撒察泰出等曰：讵可使斡难河之地无主，屡让为君，而不听也。我曾语汝忽察儿曰：汝为揑坤太师子，当立汝，汝父不听；复语汝阿勒坛曰：汝为忽图剌汗子，位当属汝，汝亦不欲。我之立，实受一致之推戴；而我不辞者，特欲保存父祖之遗业风习，俾三河之源祖宗所居之地，勿令外人居之。我既为多民之长，应使属我者必有所得，所以夺取畜帐妇孺以馈汝等；为汝等围驱野兽于山野中。汝等今事王罕，应知王罕性无常，遇我尚如此，况汝辈乎！"

帖木真前在战中失其银鞍骅色马，命使者索还。请王罕、鲜昆、札木合、忽察儿、阿勒坛及其他诸部长等各遣使一人来议和解事，约会于捕鱼儿湖附近。

王罕闻使者语，责其子不从其向者之言。鲜昆曰："事势至今日，必不可已，唯有竭力战斗，我胜则并彼，彼胜则并我。"遂代诸人答帖木真使者，谓不遣人去，将以战决之。

先是帖木真于合剌合勒只惕战败后，退至巴泐渚纳（Baljuna）水畔。水几尽涸，仅余泥汁可饮。帖木真见从者在患难中尚相从不去，乃合手望天而誓众曰："自是以后，愿同诸人共甘苦，如背此盟，则如此水！"当时共饮此水者，后皆有饮水巴泐渚纳功臣之号。至是遣使王罕后，复进兵至巴泐渚纳水畔。

王罕于合剌合勒只惕战后，营于合亦惕豁勒合惕沙陀（Qaït-Ǧolǧat-Ält），答里台、阿勒坛、忽察儿、札木合及塔塔儿部长忽秃帖木儿（Qutu Tämur）相与谋害王罕。王罕闻其谋，迎讨之，夺其辎重。于是答里台与克烈部之一部及蒙古、尼伦之一部归帖木真。阿勒坛、忽察儿、忽秃帖木儿等奔乃蛮。

一二〇三年，帖木真驻夏于巴泐渚纳。是秋，集兵于斡难河附近，谋击王罕。其弟拙赤合撒儿自合剌合勒只惕战后，尽丧所有，并及妻子，猎以求食。至是至巴泐渚纳与帖木真会。帖木真欲以计袭王罕，命拙赤合撒儿之仆二人往王罕所，假为拙赤合撒儿之语曰："我兄今既不知所在，我之妻子又在汗所，我孤身野宿已久，庇以树枝，枕以土块，今欲与妻子相聚，不知汗意如何？倘弃我前愆，念我旧好，即束手来归矣。"

王罕信之，因遣随侍之亦秃儿坚部人一人往，以牛角盛血与之盟。二使偕克烈使者还，遥见帖木真纛，恐克烈使者逃回告变，遂下骑，伪言马蹄有石，请克烈使者亦下骑执马蹄，俾能取石出。会帖木真至，执克烈使者，命二使为向导，率军夜行至者者额儿温都儿（Jäjä'är undur）山，出不意袭破王罕军。王罕父子脱走，行至涅坤兀速（Näkun usu），王罕独入饮水，为乃蛮戍将豁里速别赤（Ğorisubäči）所执杀，以首献乃蛮汗。乃蛮汗见此老汗被害，既怒且惜，乃以银嵌其首而保存之。札合敢不降帖木真，献其二女；长女亦巴合（Ibaqa），帖木真自纳之，后赐主儿扯歹。次女莎儿合黑塔泥（Sorğaqtani），以赐拖雷，后生蒙哥（Monka）、忽必烈、旭烈兀诸子。

鲜昆知父被害，遂走西夏，至波黎吐番（Buri-Tubät），日剽掠以自资。既而亦为西夏所攻，走西域曲先（Küsän）之地，为合剌赤（Qalač）部主黑邻赤合剌（Qylinč-Qara）所杀，并及其妻子，克烈部亡。

帖木真并克烈部后，遂与乃蛮境地相接。大阳汗忌帖木真势日盛，遣使月忽难（Yohunan）至汪古部，约汪古部长阿剌忽失的吉忽里（Alaquš-tägin-quri），共击此林木中之汗。缘蒙古人居地多林木，故以此名轻之也。阿剌忽失不从，以其谋告帖木真；帖木真遂约与亲好，共图乃蛮。

一二〇四年春，帖木真议伐乃蛮，众谓方春马瘦，俟秋高马肥然后进兵。然帖木真弟帖木格干赤斤、别勒古台二人曰："乃蛮自矜欲夺我之弓矢，何可以马瘦为辞，亟应进兵，先伐制之。乃蛮虽地大畜众，然不足畏，乘此攻之，俾后人云我辈已擒大阳汗也。"帖木真是其言，遂进兵。未至乃蛮境，顿兵驻夏。及秋，复进兵。大阳汗至自阿勒台山，营于杭海（Qangai）山下，与蔑儿乞部长脱黑脱阿、克烈别部部长阿邻太师（Alin Taiši）、斡亦剌部长忽都合别乞（Qutuqa Bäki）、札只剌部长札木合，暨塔塔儿、合塔斤、撒勒只兀诸部合兵，两军相距不远。时帖木真营有马惊走敌军中，乃蛮见马瘦，以为蒙古骑弱，大阳汗与众谋，欲诱敌深入，待其更疲，然后击之。乃蛮将豁里速别赤怒曰："汗父亦难赤汗勇战不回，其背及马后，从未使敌见之。"大阳汗为所激，乃弃其诱兵之策。

两军既见，帖木真命弟拙赤合撒儿主中军，而自列阵备战。札木合见蒙古军容严整，谓其左右曰："乃蛮视此军若群羊，以为能灭之，不使留蹄皮，今我观其气势，殆非往时矣。"遂引所部兵遁去。是日蒙古与乃蛮战于一狭谷中，胜负久未决，至晡，乃蛮始败走，乃蛮王负伤，退至一山，昏绝，诸将呼之不醒。豁里速别赤且言其宠妻古儿别速（Gurbäsu）（《元秘史》谓其人为大阳汗母）在其帐中盛装以待，大阳汗流血过多，卧地，仍不醒。豁里速别赤乃谓诸将曰："与其见之死，勿宁回战，使汗先见吾属死。"遂同下山与蒙古军苦战，帖木真见其勇不畏死，欲免之；诸将拒不降，皆殁于阵。获古儿别速，帖木真纳之。乃蛮军溃走纳忽（Naqu）山诸险地，夜中坠崖，死者不可胜计。

蒙古军擒大阳汗傅塔塔统阿（Tatatonga），畏吾儿人也。帖木真问其怀大阳汗印欲何之？对曰："臣职也，将以死守，欲求故主授之耳。"帖木真嘉其忠，问是印何用？对曰："出纳钱谷，委任人材，一切事皆用之，以为信验耳。"帖木真善之，命居左右。询知其深通本国文字，遂命教诸子弟以畏吾儿字书蒙古语。似自是以后蒙古始用文字印章。失吉忽秃忽后为大断事官，掌管户口青册。其所用文字，疑为塔塔统阿所授也。

是役也，为蒙古诸部久忆不忘之一战。拙赤合撒儿将中军，功最大，帖木真赏其勋，立之于其他诸亲王上，战后，塔塔儿、朵儿边、合塔斤、撒勒只兀诸部皆降，唯蔑儿乞部不降逃走。大阳汗子屈出律（Küčluk）及兀都亦惕蔑儿乞部长脱黑脱阿逃依不亦鲁汗。

蒙古军追逐蔑儿乞部至塔儿（Tar）河，兀洼思蔑儿乞部长答亦儿兀孙（Daïr-Usun）不战率所部降，献女忽兰（Qulan）于帖木真。帖木真分其部众，以百人为队，共置一将以统之；命守辎重。军行后，兀洼思部人复叛走。

蒙古军进击兀都亦惕蔑儿乞部余众于台合勒（Taiqal）寨，降之。已而蔑儿乞诸别部皆降。帖木真以所获脱黑脱阿子忽秃之妻朵列格捏（Dorägänä）赐窝阔台。后生贵由（Guyuk）汗。

札只剌部长札木合失其部众，逃傥鲁（Tanlu）山中，其左右执以献帖木真。帖木真诛执献之人，罪其卖主也。已而札木合死。关于其死之传说不一：《元秘史》谓帖木真从其请，以不出血之死法毙之。剌失德丁书则谓以札木合及其亲属付其侄阿勒赤台杀之，闻曾断其肢体。札木合死时曾曰："斩之诚当！我得敌待之亦如是也！"语毕自呈其肢体于行刑之人，促速断之。

漠北诸部至是或降或灭，仅余若干塔塔儿部落未平。帖木真遣军讨之，以此部为世仇，命尽歼灭，勿遗一人。帖木真有二妃，曰也速干（Yisugan），曰也速仑（Yisulun），姊妹皆塔塔儿部人；诸将之妻亦有数人属塔塔儿部，故塔塔儿部之童稚获免者不少。拙赤合撒儿妻亦塔塔儿部人也，密救应屠之塔塔儿部千人，获免者五百。

当时帖木真所混一者，皆游牧部落，所获者人畜牧地而已。此后遂侵入城郭之国，首经其兵侵者为西夏。一二〇五年，帖木真藉词西夏纳克烈部长子鲜昆，兴师致讨，大获而还，得骆驼甚众。

第五章　降西北诸部及取西辽

帖木真既混一漠北诸部，重兴前此突厥、回纥之大国，自应有其适应此大国君主之尊号。一二〇六年，集群臣于斡难河源开大会（Quriltai）。晃豁坛部人蒙力克之子阔阔出（Kököču）为珊蛮，托神言曰：昔者具有古儿汗尊号之数主皆已败亡，其称不祥；兹奉天命，诏帖木真为成吉思汗。群臣遂上帖木真尊号为成吉思汗。成吉思之义，或谓刚强，或谓为田吉思（tongiz, dongiz）之转，犹言海洋。与蒙古语之答来（dalai）为义同也。

阔阔出别号帖卜腾格里（Täp-Tängri），犹言天像。给蒙古人，谓常乘马至天上，蒙古诸部颇尊崇之，其势与帖木真捋①。致挞拙赤合撒儿，而强帖木格斡赤斤跪而自承己过。对帖木真放言无忌。帖木真初假其力，至是颇恶之。命其弟拙赤合撒儿俟其入帐发言无状时杀之。已而阔阔出入谒帖木真，妄言犹昔，拙赤合撒儿遂蹴之出毙之。一说帖木格斡赤斤伏力士三人于帐外，执之出，力士等断其脊毙之。阔阔出父蒙力克，因为帖木真母月伦额格之后夫，释不问。蒙力克共有子七人，三子皆为千户，以脱栾（Tolun）最知名。

成吉思汗即位后，大封功臣，授千户之号者九十五人。功最大者，孛斡儿出、木华黎、孛罗忽勒、赤刺温四人，号四杰。忽必来、者勒蔑、者别、速不台四人，号四狗。与主儿扯歹及前死之忽亦勒答儿等十功臣，所封户口号曰十投下。以孛斡儿出为右手万户，木华黎为左手万

---

① "捋"，应作"埒"，意为"等同"。

户，纳牙阿（Naya'a）为中军万户，失吉忽秃忽为大断事官。

大会之后，成吉思汗发兵征乃蛮余众。时不亦鲁已袭汗号，避居巴勒哈失（Balqaš）海子附近。一日，猎于小金山西支兀鲁塔黑（Uluǧ-taǧ，此言大山）附近之莎豁黑（Soǧoq）水上，蒙古兵至，出其不意，袭擒杀之，尽获其眷属牲畜，其侄屈出律，大阳汗子也。与蔑儿乞部长脱黑脱阿遁走额儿的失（Ärtiš, Irtiš）河上。

一二〇七年，成吉思汗再征西夏，克其兀剌孩（Uraǧai）城而还。

同年遣使者二人往谕乞儿吉思、谦谦州两部之主来降。时两部各有部长，并号亦纳勒（Inal）。剌失德丁著其一部长名，曰斡罗思亦纳勒（Oros-Inal），《元秘史》曰也迪亦纳勒（Yäti-Inal），曰阿勒迪额儿斡列别克的斤（Alti'är Orä-Bäk-tägin），并遣使献白海青于成吉思汗。

一二〇八年秋，再征屈出律及脱黑脱阿。时斡亦剌部长忽秃合别乞遇蒙古军，不战而降，因用为向导。至额儿的失河及蔑儿乞部，蒙古军与战，败之，脱黑脱阿中流矢死。其弟与其诸子逃畏吾儿国，屈出律奔西辽。

一二〇九年，成吉思汗三征西夏，薄其都城中兴府（即额里合牙Ariqaya），引河水灌之。堤决水外溃，遂撤围去。遣人入中兴招谕夏主，夏主纳女请和。

畏吾儿主号亦都护（Idig-qut），先是臣附西辽，西辽置一长官以监其国。成吉思汗平定漠北诸部时，畏吾儿亦都护名巴而朮阿而忒的斤（Barčuq-Art-tägin），以西辽所置长官名少监（Sok-äm）者暴敛，不能堪。一二〇九年，遂杀少监于合剌火州。火州者，高昌之转音也。一二一〇年夏，成吉思汗闻其事，遣阿勒卜兀秃黑（Alb-Utuq）、答儿伯（Darbai）二人使其国；亦都护厚礼使者，命近臣二人偕使者入朝成吉思汗，致其诚款曰："比闻威望，将遣使通诚；不意使者降临，喜出望外；譬如云开日现，重睹新光；冰泮得见清水；失望之余，继以欢欣。自今日后，当尽率部众，愿为子为仆。"

先是脱黑脱阿之弟与四子败后投畏吾儿，畏吾儿不纳。一二一一年春，成吉思汗三征唐兀还其斡耳朵（ordo）时，畏吾儿亦都护亦奉珍宝来觐。同年，哈剌鲁部长阿儿思兰（Arslan）、阿里麻里的斤斡[①]匝儿（Ozar）并来朝。先是此二部并为西辽藩臣，至是皆降成吉思汗，成吉思汗以其女阿勒阿勒屯别吉（Al-Altun Bägi）字畏吾儿亦都护，以宗女字阿儿思兰。已而斡匝儿还国，在猎中为屈出律所执杀。成吉思汗命斡匝儿子昔格纳黑的斤（Signaq tägin）袭父位，以长子拙赤之女字之。

自一二一一年至一二一七年间，成吉思汗适在侵略金国（见第六章），无暇顾及西北诸部。一二一七年，始命速不台往征蔑儿乞余部之在西域者。蔑儿乞部长脱黑脱阿之四子既为畏吾儿亦都护所拒，复西奔，至是速不台追及之于康里之地，尽灭蔑儿乞部，杀脱黑脱阿之二子，虏其第三子忽勒秃罕（Qultuġan），仅其长子忽秃得脱走，奔投钦察，速不台执忽勒秃罕以献成吉思汗长子拙赤。忽勒秃罕善射，号蔑儿干（Märgan）。拙赤欲见其能，命之射，忽勒秃罕发矢中的，继发第二矢中前矢，拙赤惊其能，遣使求其父，请免其死。成吉思汗以敌种不可留，遂杀之。

秃马惕部地与乞儿吉思相接，先降复叛。一二一七年，成吉思汗命孛罗忽勒往讨之。孛罗忽勒前行迷道，为秃马惕部人所杀。成吉思汗复命朵儿伯朵黑申（Dorbädoqsin）往讨平之。

蒙古军之讨秃马惕也，征兵于其邻乞儿吉思部，乞儿吉思部不从，亦叛去。一二一八年，成吉思汗命长子拙赤往讨，拙赤涉谦河冰，讨平乞儿吉思部，因克乞儿速惕、合卜合纳思（Qabqanas）、帖良兀惕、客失的迷及槐因亦儿坚等部。

同年，成吉思汗四征西夏，进围中兴府，夏主奔西凉。蒙古语名西凉曰额里折兀（Äričä'u）。

至是，成吉思汗遂欲进取西辽，时乃蛮汗子屈出律已据西辽帝位有七年矣。

---

① "斡"，应作"斡"。

先是一一二二年时，辽之宗室耶律大石者，率骑二百西奔，经白达达部（汪古）而至别失八里，会十八部王众，谕以国为金破，今仗义而西，欲借力诸藩，遂得精兵万余。十八部名之可考者，有王纪剌（弘吉剌）、茶赤剌（札只剌）、密儿纪（蔑儿乞）。此外《辽史》本纪中部名与梅里急（蔑儿乞）并列者，尚有粘八葛。此名在《金史》中作粘拔恩。疑皆属契丹语乃蛮之称。具见当时随耶律大石西去者，颇有不少蒙古、突厥部落。一一二三年，耶律大石西进，假道回鹘（畏吾儿）。回鹘王毕勒哥（Bilga）迎之至邸，献马驼，愿质子孙为附庸，送至境外。耶律大石遂历取合失合儿（Kašgar）、鸭儿看（Yarkand）、忽炭（Qotan, Khotan）、途鲁吉（Turki）诸地。时途鲁吉地属河中汗。至是河中汗仅保河中，而称臣于耶律大石。已而花剌子模亦为耶律大石之兵所残破，其主阿即思（Aziz）请和，年纳岁币三万底纳儿（dinar）。由是东自戈壁，西起阿母阿之地，尽属耶律大石。一一二四年，大石遂即帝位，号古儿汗（Gurqan）。在位二十年，改元二，曰延庆，曰康国。一一四三年殁，庙号德宗。子夷列年幼，遗命皇后塔不烟权国称制，号感天皇后，改元咸清，在位七年。子夷列即位，改元绍兴。在位十三年殁，庙号仁宗。子幼，遗诏以妹普速完权国称制，改元崇福，号承天皇后。在位十四年，为人所杀。一一七八年，仁宗次子直鲁古即位，改元天禧。一二〇八年，乃蛮汗子屈出律来投时，直鲁古在位三十年矣。屈出律至，直鲁古厚待之，并以女妻之。

直鲁古年老，专事游宴畋猎，不理政事。诸藩国若畏吾儿、哈剌鲁、河中、花剌子模诸国，皆欲离叛。至是屈出律亦谋夺其位，诱数将使从己，并进言于直鲁古曰："乃蛮旧部流亡于叶密立（Imil）、海押立（Qayaliq）、别失八里三地之间，愿往招致之，俾为国用。"直鲁古喜从之，授以汗号，厚赠以赆其行。

屈出律至上述诸地，乃蛮旧部皆相率投其麾下，蔑儿乞部余众亦来从。屈出律率之西向，入西辽境，即纵掠；然其军尚微，不足藉以得国也。时花剌子模算端（sultan）摩诃末（Muhammad）已脱西辽属藩，河中汗斡思蛮（Osman）且臣附之，其势寝强。屈出律乃约花剌子模算端共图西辽，许事成以西方之地界之。会西辽以斡思蛮叛去，遣军进讨，摩诃末亟往救，未至，西辽军已解围去；盖屈出律亦叛，故召此军还也。

屈出律乘西辽之进兵河中，遂率所部进掠讹迹邗（Ozkand）城中西辽主之宝藏，已而欲进袭西辽都城八剌撒浑（Balasaǧun），西辽主率军与战，大破之于真不只（Činbuje）河畔。

当斯时也，摩诃末已与斡思蛮连①军侵入西辽境，败西辽将塔尼古（Tanigu）之军于塔剌思（Talaz）河，塔尼古被擒，西辽军溃还。八剌撒浑之民欲附摩诃末，闭城不纳古儿汗军。古儿汗攻十六日，拔之，屠居民四万七千人。

时西辽既遭兵祸，帑藏空虚。西辽将马合谋伯（Mahmud Bai）者，富有资财，恐西辽主征求财货于己，乃献议强将卒以所夺还于屈出律之财货入官，诸将遂怨而离去。屈出律乘古儿汗之将卒离散，于一二一一或一二一二年间，袭执西辽主；然仍留其帝号，敬事之至死不衰。后二年直鲁古死。

屈出律既据西辽，欲使阿力麻里的斤斡匝儿附己，数以军讨之，终乘其出猎，袭擒杀之。合失合儿、忽炭两地亦不附。先是直鲁古执合失合儿汗子投之狱，至是屈出律释之归；汗子甫抵合失合儿城门，为城人所杀。屈出律遂遣军残破其地，毁禾稼而去，如是者二三年；合失合儿人民饥困，不得已遂降。乃蛮部人多信景教；至是屈出律又从其妇古儿汗女之言，信奉佛教。及其征服忽炭之时，欲强其民弃伊斯兰教而改从景教、佛教；聚伊斯兰教教师与之辩论教义，伊斯兰教教师有为其教热烈辩护者，屈出律怒其抗命，遂詈及伊斯兰教教主摩诃末（Muhammad）；教长恚甚，厉声斥之；屈出律命拘其人，施以拷掠，强其改教。不从，被钉于所居道院之门而死。自是以后，屈出律虐遇国内之伊斯兰教徒。

---

① "连"，今写作"联"。

一二一八年，成吉思汗命者别率二万骑进讨屈出律，败之于碎叶城（Toqmaq）附近。屈出律逃合失合儿。者别宣布信教自由，西辽人民大悦。诸城民尽屠屈出律士卒之居民舍者。者别追逐屈出律，及之于撒里黑豁勒（Sariq-Ğol），擒斩之。

成吉思汗闻者别胜敌之讯，遣使谕之曰："勿因胜而骄，王罕、大阳汗、屈出律等皆因骄而致败亡也。"者别先是未降成吉思汗时，曾射毙汗之一马；至是取西辽获良马千匹以献，而偿前此所毙汗马之失。

于是成吉思汗斥地至于西辽境界，与花剌子模算端之壤地相接。

第六章　侵略金国

先是成吉思汗称臣而纳岁贡于金，一二〇八年时，金主使卫王允济受贡于静州，汗见允济不为礼；允济归，欲请兵攻之。会金主璟殂，允济嗣位，有诏至蒙古，传言当拜受。汗问金使曰："新君为谁？"金使曰："卫王也。"汗遽南面唾曰："我谓中原皇帝是天上人做，此等庸懦亦为之耶？何以拜为！"即乘马北去，遂决意南侵。

一二一一年，成吉思汗命脱忽察儿（Toqučar）率骑二千留守其斡耳朵；自率诸部之兵发自怯绿连河，南侵金国。出师以前，登一高山，祈天之助，解带置项后，跪祷曰："阿勒坛汗（Altan-qan，金主）辱杀我从祖巴儿合黑、俺巴孩二人，若天许复仇，请命人神助我！"

于是渡大漠而至汪古部，汪古部长前为金守边墙者，亦叛金，导蒙古兵入界垣。先是金将纳合买住守北鄙，知蒙古将侵边，奔告于金主，金主以其擅生边隙，囚之。及蒙古兵入，乃释买住，遣使求和，成吉思汗不许。

蒙古军遂克大水泺，进拔乌沙堡，及桓、抚等州；攻西京凡七日，金留守胡沙虎弃城突围遁去；蒙古军以精骑三千蹑其后，金兵大败。进至翠屏口，成吉思汗复遣长子拙赤、次子察合台、三子窝阔台率兵分取云内、东胜、武、朔、丰、靖等州，及遣者别率兵取东京；者别见城坚难下，即引退五百里，留其辎重，选良马，急驰还袭取其城，大掠而归。成吉思汗之将发抚州也，金人命招讨使完颜九斤监军，完颜万奴率大军设备于野狐岭，又命参政胡沙率军为后继，契丹军师谓九斤曰："闻彼新破抚州，以所获物分赐军中；马牧于野，出不虞之际，宜速骑以淹之。"九斤曰："此危道也，不若马步俱进，为计万全。"成吉思汗闻之，进兵于獾儿嘴。九斤命麾下明安问蒙古举兵之故，明安反降于蒙古；蒙古军遂与九斤等战，金兵大败，人马蹂躏，死者不可胜计。胡沙不敢拒战，引兵南行，蒙古兵踵击之，至会河堡，金兵又大败，胡沙仅以身免，走宣德。蒙古兵破宣德，至德兴府，失利引却。成吉思汗第四子拖雷与驸马赤渠（Čigu）率军尽克德兴境内诸堡而还，后金人复收之。

一二一三年秋，蒙古军复破德兴，遂进军至怀来，金帅尤虎高琪与战败走。成吉思汗留怯台（Kätai）、薄察（Boča？）二将屯兵居庸北口，自将别众西行由紫荆口出。金主闻之，遣大将奥屯拒守。金兵比至，蒙古军已渡关矣。成吉思汗命者别率众攻居庸南口，出其不备拔之，进兵至北口，与怯台、薄察军合。既而又遣诸部精兵五千骑，令怯台、哈台（Qatai）二将围守中都，成吉思汗自率兵攻涿、易二州，即日拔之。乃分军为三道，拙赤、察合台、窝阔台将右军循太行而南，抵黄河大掠而还。拙赤合撒儿等将左军，遵海而东，破沿海诸地而还。成吉思汗自与四子拖雷率诸部军由中道躏诸州，北还以逼中都。时山东、河北诸府州尽拔，唯十一城不下，河东州县亦多残破。

是年八月，金中都乱起，胡沙虎杀金主允济，迎立昇王珣。蒙古乘胜逼中都，胡沙虎命尤虎高琪以纥军五千拒之；高琪失期不至，胡沙虎欲斩之，金主谕令免死；胡沙虎乃益其兵，令出战以赎罪。高琪出战大溃，恐见罪，乃以军人中都，杀胡沙虎。金主赦高琪罪，以为左副元帅。

一二一四年，成吉思汗既自山东还屯中都之北。诸将请乘胜破中都，成吉思汗不从，遣使告金主曰："汝山东、河北郡县悉为我有，汝所守唯燕京（中都）耳！天既弱汝，我复迫汝于险，天其谓我何！我今还军，汝不能犒师以弭我诸将之怒耶？"高琪言于金主曰："鞑靼人马疲病，当决一战。"完颜福兴曰："不可，我军身在都城，家属多居诸路，其心向背未可知；战败必散，苟胜亦思妻子而去，祖宗社稷安危在此举矣！今莫若遣使议和，待彼还军，更为之计。"金主然之，遂遣福兴求和；因以故主允济女及金帛、童男女各五百、马三千与之，令福兴送至野麻池而还。成吉思汗出居庸时，收所虏山东两河少壮男女数十万皆杀之。

成吉思汗之侵金也，辽东之契丹亦叛。契丹人耶律留哥者，仕金为北边千户。蒙古兵起，金人疑辽遗民有他志，留哥不自安，一二一二年遁至隆安，聚众以叛。会成吉思汗命阿勒赤那颜（Alčinoyan）行军至辽，遇留哥率军来附，二人遂相约图金。于金山刑白马白牛登高北望，折矢以盟。一二一三年，金人遣完颜胡沙率军来讨留哥，并悬赏以购其骨。留哥乞援于蒙古，成吉思汗命阿勒赤以千骑助之，大败金兵；留哥以所俘辎重献成吉思汗，而自立为辽王。后降蒙古，成吉思汗以为元帅，令居广宁。

金主以国蹙兵弱，不能守中都，乃议迁于南京汴梁，谏者皆不纳。一二一四年五月，命完颜福兴、抹捻尽忠奉太子守忠留守中都，遂与六宫启行。成吉思汗闻之怒曰："既和而迁，是有疑心，而不释憾，特以解和为款我之计耳。"复图南侵。

金主至良乡，令护卫乣军元给铠马悉复还官；乣军皆怨，遂作乱，杀其主帅，共推斫答（Čöda）、比涉儿（Bišär）、札剌儿（Jalar）为帅，叛还北。完颜福兴闻变，以兵阻卢沟，斫答击败之，遣使乞降于蒙古。成吉思汗命撒勒只兀部人三木合拔都（Samuqa Ba'atur）领契丹先锋将明安等援斫答，合其兵围中都。金主闻之，遣人召太子赴汴，中都益惧。

中都被围既久，完颜福兴悉以兵付抹捻尽忠，而自总持大纲，遣人以矾写奏告急；金主命永锡、庆寿、李英等将兵运粮，分道赴救中都。一二一五年三月，李英被酒与蒙古兵遇于霸州，大败，尽失所运粮，英死，庆寿、永锡军闻之皆溃归。自是中都援绝，城中无粮，人自相食。五月福兴约尽忠同死，尽忠不从，福兴自仰药死。中都妃嫔闻尽忠将南奔，皆欲偕行，尽忠绐之曰：我当先出，与诸妃启途。挈其所亲先出，不复反顾。蒙古兵遂入中都，吏民死者甚众，宫室为乱兵所焚，火月余不灭。时成吉思汗在桓州，闻中都陷，遣使劳明安等，而辇其府库之实北去。

中都陷后，得契丹人耶律楚材。成吉思汗闻其名，召见之。楚材身长八尺，美髯宏声，汗伟之曰："辽金世仇，朕为汝雪之！"对曰："臣父祖尝委质事之，臣敢仇君耶！"汗重其言，处之左右，遂呼楚材曰吾图撒合里（Utu saġol），蒙古语犹言长髯也。先是得畏吾儿人塔塔统阿，蒙古始知西域文化；至是得耶律楚材，因又知中国文化。故后此多用畏吾儿人及契丹人。蒙古好杀，楚材尝谏止之，多所全活。楚材通术数，成吉思汗每用兵必令之预卜吉凶，亦自灼羊胛以符之。

一二一五年，成吉思汗驻军鱼儿泺，遣三木合拔都率蒙古兵万骑，自西复趋京兆以攻潼关，不能下；乃由嵩山小路趋汝州，遇山涧辄以铁枪相锁，连接为桥以渡，遂赴汴京。金主急召花帽军于山东，蒙古兵至杏花营，距汴京二十里，花帽军击败之。蒙古兵还至陕州，适河冰合，遂渡而北。金人专守关辅。时蒙古兵所向皆下，金主遣使求和，蒙古欲许之，谓三木合曰：譬如围场中獐鹿吾已取之矣，独余一兔，盍遂全之。三木合耻于无功，不从，遣人谓金主曰：若欲议和，以河北、山东未下诸城来献，及去帝号称臣，当封汝为王。议遂不成。

同年木华黎进攻金之北京大宁，金守将银青率兵御于花道，败还；婴城自守，其下杀银青，推寅答虎为帅，遂举城投降。木华黎怒其降缓，欲坑之。萧也先曰："北京为辽西重镇，既降而坑之，后岂有降者乎！"木华黎从之。奏寅答虎权北京留守，以撒勒只兀部人吾也而（Uyär）权兵马帅府事以镇之。

先是去年锦州张鲸聚众十余万，杀其节度使，自立为王；已而降成吉思汗。是年，成吉思汗命鲸率万人从脱栾南征未附州郡。木华黎密察鲸有反侧意，请以萧也先监其军；至平州，鲸称疾逗留，复谋遁去，萧也先执送汗所诛之。一二一六年，鲸弟致愤其兄被杀，据锦州叛，木华黎率蒙古不花（Mungu Buqa）等军讨之，以计败致军，进围锦州，致部将缚致出降，伏诛。

辽西既平，成吉思汗召木华黎还。一二一七年，汗驻秃剌河上，大奖其功，封之为国王，赐汗建之九斿大旗，谕之曰："太行之北，朕自经略；太行以南，卿其勉之！"分汪古部军万人，火失忽勒（Qošiqul，由各军每十人调发二人所组成之军曰火失忽勒）军千人，兀鲁兀部军四千人，亦乞剌思部军二千人，忙忽部军一千人，弘吉剌部军三千人，札剌儿部军二千人，及吾也而、秃花（Tuqa）两元帅所将之汉军、女真军，札剌儿所将之契丹军，并隶麾下，木华黎自中都南攻遂城及蠡州，皆下之。一二一八年，取河东诸州郡。

先是一二一六年，金以苗道润为中都经略使，贾瑀为副，道润署张柔为元帅左监军。瑀与道润素有隙，一二一八年，遂刺杀道润，张柔檄道润部曲共讨瑀。会蒙古兵出自紫荆关，柔遇之，战于狼牙岭，柔马跌，为蒙古所执。至军前见主帅明安，立而不跪，左右强之，柔叱曰："彼帅我亦帅也！大丈夫死即死，终不偷生为他人屈！"明安壮而释之，以柔为河北都元帅。

一二一九年，蒙古使张柔率兵南下，克数州，杀贾瑀；进兵次满城，破金将武仙兵；由是诸城望风降附，柔威名振于河北。是年高丽亦降蒙古。

一二二〇年，木华黎进至满城，武仙兵败，以真定城降，木华黎以史天倪权知河北西路兵马事，仙副之天倪说木华黎曰："今中原已渐定，而大军所过，犹纵抄掠，非王者吊民伐罪之意；且王为天下除暴，岂可效他军所为乎！"木华黎善之，即下令禁剽掠，遣所俘老幼。军中肃然。

同年，金遣乌古论仲端如蒙古求和，呼蒙古主为兄，成吉思汗不允。遣使报金，谓乌古论仲端曰："向令汝主授我河朔地，彼此罢兵，汝主不从；今念汝远来，河朔既为我有，关西数城未下，其割付我，令汝主为河南王，勿复违也！"

是年十一月,木华黎进兵山东,金将严实以所部彰德等三府六州降。时金兵二十万屯黄陵冈,遣步卒二万袭木华黎于济南,木华黎迎战,败之;进破金兵于黄陵冈,遂趋东平,围之;留兵屯守,自率兵北向。一二二一年,由东胜州涉黄河,引兵而西,会西夏兵五万;复引而东。一二二二年,历下河中等城,命石天应守之。一二二三年正月,木华黎攻凤翔府不下,将由河中北还,金将侯小叔袭破河中,杀石天应,焚浮桥而退。三月,蒙古木华黎自河中率师还至解州闻喜县,疾笃,谓弟带孙曰:"我为国家助成大业,干戈垂四十年,无复遗恨;所恨者汴京未下耳。汝等勉之!"言讫而卒,

嗣后金以河北久经战争,地多残破;遂尽弃河北、山东、关陕,唯并力守河南,保潼关,东西二千余里;立四行省,帅精兵二十万以守御之。

(本章所系月日从太阴历,其余诸章皆从格引葛儿Cregorien历。)

第七章　西征前之花剌子模

十二世纪下半叶中，伊兰（Iran）之地为群藩所割据，其最强者曰薛勒尣克（Säljuk）朝，突厥种也。算端灭里沙（Mälikšah）在位时，有奴名讷失的斤（Nuš Tägin），为算端执水瓶隶，后历擢为花剌子模长官。讷失的斤死，子忽都不丁摩诃末（Qutbad-Din Muhammad）袭职，而号花剌子模沙。沙（šah）者，犹言王也。忽都不丁摩诃末死，子阿即思继立，数以兵攻其主君辛札儿（Sinjar）。辛札儿者，灭里沙子也。西辽军兴，阿即思势不敌，乃奉岁币于古儿汗。一一五七年，算端辛札儿死，阿即思子颉利阿儿思兰（Il-Arslan）夺据呼罗珊（Qurasan）之西部。一一九四年之战，颉利阿儿思兰子帖客失（Täkäš）击杀薛勒尣克朝算端脱忽鲁勒（Tuǧrul），而取伊剌黑阿者迷（Iraq Ajämi）之地。由是波斯之薛勒尣克朝两系并亡。已而帖客失受哈里发纳昔儿（Nasir）之册封而为伊兰之主。

一二〇〇年，帖客失死，子阿剌丁摩诃末（Ala ad-Din Muhammad）嗣位，取巴里黑（Balq）、也里（Heri, Herat）两州，遂全有呼罗珊之地。已而祃拶答而（Mazandaran）、起儿漫（Kirman）亦并属之。先是花剌子模奉岁币于西辽，已三世矣。至是摩诃末国势寖强，颇以为耻，欲脱属藩。会河中汗、斡思蛮亦西辽之藩臣也，不堪西辽所置诸州监征贡赋官吏之需索，亦劝摩诃末自主，许脱藩以后，改奉摩诃末为主君，并以所纳西辽之岁币如数奉之，摩诃末遂决与西辽绝。会有西辽使者来受岁贡，依例得坐算端侧，时摩诃末新近战胜里海北之钦察，意气甚骄，怒使者之敢与抗礼，命执使者磔杀之。

摩诃末杀使者后，举兵入西辽境，战败，并部将一人为西辽军所俘。西辽军不识摩诃末，俘将因诡认算端为奴，越数日，议赎毕，遣奴归取赎金，俘者许之，且遣人卫送其归，算端因是得脱还。先是流言算端已死，其弟阿里失儿（Ali-Šir）已自立于陀拔斯单（Tabaristan），其诸父额明木勒克（Amin al-Mulk），本也里长官，亦谋袭位。及摩诃末归，众情乃安。时在一二〇八年也。

一二〇九年，摩诃末与河中汗斡思蛮合兵再侵西辽，败塔尼古所将之西辽军于塔剌思河，乘胜斥地至讹迹邗，置戍将以守之。花剌子模之民闻其主战胜异教之国，群以尊号上算端。

摩诃末还其国，以女妻河中汗斡思蛮，置花剌子模使者于撒麻耳干，一如以前西辽故事。已而斡思蛮与使者不相能，悔改事新主，遂仍附西辽，尽杀其都城中之诸花剌子模人（一二一〇年）。摩诃末闻之怒，兴兵进讨，薄撒麻耳干，士卒逾城而入，杀掠三日，进克子城。斡思蛮身衣殓服，系刃于颈，诣摩诃末前跪伏请罪，摩诃末欲宥之，其女嫁斡思蛮者，怨其夫宠西辽古儿汗女而辱己，且命侍古儿汗女宴，力请杀其夫，并及其族。摩诃末由是并河中之地，而徙都于撒麻耳干。

先有古耳（Gur）朝立国于也里城及恒河（Ganga）间。一二〇五年，其四传主失哈不丁（Šihab ad-Din）死，所领印度诸地，悉为其戍将所割据。巴里黑、也里两州亦被夺于花剌子模。失哈不丁侄马合木（Mahmud）仅保古耳之地，且须称臣纳贡于花剌子模。马合木在位七年，为人刺杀于宫中（一二一二年），时论谓为花剌子模算端所主使。先是摩诃末弟阿里失儿因得罪逃依马合木，至是自立为古耳算端，求兄册封；摩诃末遣使往授册命，阿里失儿方衣赐服时，使者遽出算端手诏，拔刀斩之。由是古耳国亦并入花剌子模。

先是有突厥统将者，古耳算端失哈不丁之旧臣也，乘古耳国之分解，据有哥疾宁（Gazna）之地。一二一五年，摩诃末攻取哥疾宁；在此城所藏文牍中得哈里发纳昔儿致古耳诸算端书，谓花剌子模怀大志，谋兼并，可讨击之，且嘱其与西辽连兵。先是摩诃末初即位时，古耳朝之末二主果兴兵谋取呼罗珊西部之地；至是摩诃末见书，知为纳昔儿所唆使，遂怨纳昔儿。

黑衣大食哈里发所统驭之大国，土地日削，至是仅保伊剌黑阿剌壁（Iraq Arabi）、忽即斯单（Quzistan）两地。纳昔儿自一一八一年以来君临报达（Baǧdad），当谋抑制其强藩；盖诸藩名为受地于报达，而求哈里发之册封，第特示其得国之正而已。仅于公共祈祷中及货币上著哈里发之名，此外哈里发实无权干涉诸藩国之事，藩国之势强者且置官于报达。

先是薛勒朮克朝算端脱忽鲁勒在位之时，仅保伊剌黑阿者迷一地。哈里发纳昔儿欲乘其危而取其地，或鼓煽其内乱，或乞援于花剌子模。及花剌子模算端帖客失灭薛勒朮克朝，不以地让哈里发。哈里发既不得地，反招致强邻，悔失计；摩诃末继父位，纳昔儿又唆使古耳朝之末二主兴师讨之，皆为摩诃末所败，计又未遂。

摩诃末既取哥疾宁，始知向者之战，哈里发实构之，遂怨纳昔儿。当时摩诃末拓地，东北抵昔浑河，东南抵申（Sind, Indus）河，西北抵阿哲儿拜占（Azärbaijan），西南抵波斯湾。自以君临广土，拥兵四十万，国势远过薛勒朮克，冀得如薛勒朮克算端故事，遣一长官莅治报达，公共祈祷中列己名，并册封己为算端。乃遣使赴报达，以此三事请于哈里发。哈里发不许，谓向许低廉（Diläm）、薛勒朮克等朝藩王置官于报达者，以有大功于哈里发也，今日情形则与前异。摩诃末领土既广，反不自足，而觊觎及于哈里发之首都，殊可怪也。

摩诃末闻之怒，决废阿拔思（Abbas，黑衣大食）族承袭哈里发之权。顾欲废立教主，须经诸教长之赞同，乃征询伊斯兰教诸律士曰："设有王者以颂扬帝语灭除教敌为己任，而有一哈里发因怨而阻挠之，如是王者能否废此哈里发，而代以较为正大者欤？教主之位依法当属忽辛（Husain）之后裔，乃为阿拔思族所窃据，此事应如何？且阿拔思系诸哈里发常不能尽教主之职，不能保障伊斯兰教边境，发动神圣战争，而使异教民族改从正教，或献纳贡赋，又应如何？"诸教长裁答曰：处此境况中，废立为正。摩诃末遂推阿里（Ali）后裔忒耳迷（Tirmid）之赛夷（Säyid）族人阿剌木鲁克（Ala al-Muluk）为哈里发；命以后公共祈祷中及新铸钱币上除纳昔儿名。时波斯阿里派信徒甚众，咸以为阿里族在六百年后恢复教主之权，此其时矣。

摩诃末遂举兵往废纳昔儿，拟先取伊剌黑阿者迷之地。会有突厥将名斡古勒迷失（Ogulmis）者，夺据其地，输款于摩诃末；哈里发阴遣刺客刺杀斡古勒迷失，并命法儿思（Fars）、阿哲儿拜占二藩国主往取其地。摩诃末闻讯，兼程进，一战擒法儿思主撒的（Sa'd），撒的割二堡，许纳其岁赋三分之一，始得释归。已而又败阿哲儿拜占主月即伯（Uzbäg）之兵，月即伯遁走，花剌子模诸将欲追之，摩诃末曰："一年擒两国主，其事不祥。"遂止。月即伯还国后，亟遣使纳贡称臣而乞和。

摩诃末既取伊剌黑阿者迷，遂进兵报达（一二一七年）。纳昔儿遣司教失哈不丁（Sihab ad-Din）充议和使。其人通神学而负重望，花剌子模军营于哈马丹（Hamadan）附近，司教几经困难，始得入谒摩诃末于帐中；摩诃末亵服褥坐，见司教不答礼，亦不延之坐；司教向之用阿剌壁（Arabi）语振其雄辩，赞扬阿拔思之家世，极颂哈里发纳昔儿有盛德，次引教主摩诃末之遗诫，谓勿得加害于此名族之人。舌人译其词毕，摩诃末答曰："哈里发之德殊不称若人所誉，我至报达将以真具如是美德之人承教主位。至若是人所引教主之诫，亦有未合；须知阿拔思族之人悉生长于牢狱中，多终身处于囹圄。然则为害于阿拔思族最甚者，即为本族之人也。"司教复为之反复辩论。摩诃末不为所动。司教还报达，纳昔儿知和平无望，遂谋缮守。摩诃末以为伊剌黑阿剌壁之地唾手可得，已在哈马丹预备分封其地，缮录封册文状矣。

花剌子模军前锋万五千骑进向火勒汪（Holvan），第二军继进；时值秋初，忽天降大雪，前锋军经行山中，士马多冻死。已而复为突厥、蛮曲儿忒等部之众所邀击，大蒙损害，几至全军覆没。时迷信者以为天怒，故使摩诃末视为轻而易举之事，遽遭失败；上帝尚佑阿拔思一族也。

摩诃末亦惧而止兵，以伊刺黑阿者迷之地册受①其子鲁克那丁古儿珊赤（Rukn ad-Din Ğuršanči）。已而复以诸地分封其余诸子。以起儿漫、碣石（Kiš）、马克兰（Makran）等地授加秃丁皮儿沙（Giyat ad-Din Pir-Šah）。以古耳国故地哥疾宁范延（Bamiyan）、古耳不思忒（Bust）等地授札阑丁忙古比儿的（Jalal ad-Din Mangubirti）。幼子斡思刺黑沙（Ozlag-šah）母为康里伯岳吾部人，与摩诃末母秃儿堪可敦（Turkan Qatun）同族，故斡思刺黑沙特为祖母所钟爱。摩诃末将顺母意，定为储嗣，畀以花刺子模、呼罗珊、祸拶而答②等地。

摩诃末分封诸子之地，多属新并疆土，难期其效忠于花刺子模朝。人民之关系相同者，仅有宗教。顾教中宗派繁多，各派常存敌视之心，则所能维系其统一者，仅有兵威。花刺子模军大致以突厥蛮与康里人为之。突厥蛮者，波斯语近类突厥之谓。薛勒朮克族率以侵略伊兰的突厥部落之后裔也；其体貌风习语言因迁徙及与波斯居民通婚之故，微有变改，乃名之曰突厥蛮，俾与其他突厥有别。康里部者，花刺子模湖（咸海）北与里海东北平原之民族也；居札牙黑水东，西与钦察为邻。其别部曰伯岳吾部之部长女秃儿堪可敦，嫁算端帖客失，康里部人遂相率投花刺子模，部众勇健，常为摩诃末建功勋。秃儿堪可敦既当权，因常擢外戚为大将，顾统军者兼州长；由是康里大将在国中权势甚重，摩诃末渐不能制。且此种好战部落未脱北方游牧部落残忍之性，土著之民往往遭其侵暴，军行所过，城市坵墟。

秃儿堪可敦赋性刚强，党于外戚而为之长，其权与子侔；每有可敦与算端之令旨同至一地，其事虽同，而意趣违反者，臣下则择其宣发时日较近者行之。摩诃末每得一地，必割一大邑以益其母封地。可敦有书记七人，并有才能，可敦自于令旨上书其徽号曰："世界与信仰之保护者，宇宙之女皇秃儿堪！"

---

① "受"，应作"授"。
② "祸拶而答"，疑为"祸拶答而"，地名，今伊朗境内。

可敦有旧奴名纳速剌丁（Nasr ad-Din）者，因宠而跻相位；唯其人非相材，而性贪渎，算端恶其人，常严责之。一日摩诃末至你沙不儿（Nišapur），命甄的（Jand）人撒都鲁丁（Sadrad-Din）为你沙不儿法官，谕以官由己授，非宰相思，勿纳之贿。或有告此法官者曰：算端之宠不可恃，不赂宰相为非计。撒都鲁丁惧，乃囊盛金钱四千，外钤印记，以馈纳速剌丁。算端常遣人密侦其相举动，侦者以闻。算端命其相献囊，封印尚未启。及法官入谒，算端对象诘其曾以何物献宰相，法官誓言无之，算端掷示囊金，法官失色，遂黜其职，命折宰相所居帐覆宰相首，"遣之归投其女主人之门"。

纳速剌丁遂赴花剌子模，缘道仍使人待己以宰相礼，裁决政务如故，无敢谓其已罢黜者。将入花剌子模，秃儿堪可敦令居民无问贵贱出郊迎劳。有教长名不儿罕丁（Burhan ad-Din）者后至，谢以病，故迟来。纳速剌丁曰："非病也，意不欲也。"越数日，罚输十万金钱佐军。可敦幼孙斡思剌黑沙既受封于花剌子模，可敦遂命纳速剌丁为其相。自是纳速剌丁贪黩愈甚，索巨金于花剌子模之课税官。算端在河中闻其事，命使往斩纳速剌丁首赍以归报。可敦闻之，待使者至，命其立赴省中谒纳速剌丁，且令其代传算端语，若曰："相位非汝莫属，勿使国中有一人不用汝命，不服汝威。"使者不能违，竟转述如可敦旨。由是权势愈重，时人有曰："算端虽灭国甚众，然不能惩罚一奴。"盖指此事也。

摩诃末自伊剌黑阿者迷还，经你沙不儿，留数旬，复自是赴不花剌（Buqara），而成吉思汗使者三人适至。三人皆伊斯兰教徒，原算端臣民也。一名马合木（Mahmud），花剌子模人；一名阿里火者（Ali-Qoja），不花剌人；一名亦速甫（Yusuf），讹答剌（Utrar）人。奉蒙古汗命献珍物，并致成吉思汗之词曰："我知君国大而势强，甚愿与君修好，我之视君，犹爱子也。君当知我已征服女真，统治北方之诸民族，战士如蚁垤之众，财富如金穴之多，无须觊觎他人土地，所冀彼此臣民之间得以互市，为利想正同也。"

第七章 西征前之花剌子模

北方民族常用祖孙父子叔侄兄弟之称，以判国之强弱。兹成吉思汗谓视摩诃末如子者，盖欲其称臣也。摩诃末夜召三使中之马合木入见，语之曰："汝本花剌子模人，知汝忠诚可恃，若以实情告，并于将来以成吉思汗之举动来告，必有重赏。"即取宝石手环一缠赐之，为不食言之左券。继询之曰："成吉思汗征服桃花石（Tabǧač，犹言中国）信否？"对曰："此一大事，孰能虚构。"摩诃末曰："我之国大，汝所知也，顾乃敢谓我为子，彼虏何物！兵力几何！"马合木见算端有怒色，不敢直对，仅言蒙古汗兵何能敌算端兵，摩诃末意乃释，以好言遣三使归。

先是漠北诸部落以劫夺为生，至是既属蒙古，道途遂安，行旅往来无虞。凡外国人之赍珍物赴蒙古贸易者，常导之至蒙古汗廷。西辽既亡，摩诃末之领地遂与畏吾儿相接。有摩诃末之臣民三人，贩绢布入蒙古境，成吉思汗厚偿其价，命厚待三商，处以白氎新幕；于其将归，令诸王、诸那颜、诸将等各出私赀，遣信仆一两辈，赍随以往，购易花剌子模珍物。有众约百余人（一说有四百五十人，一说谓仅四人），俾兀忽纳（Uquna）领之。行次昔浑河上之讹答剌城，守将亦纳勒朮（Inalčuq）而号哈亦儿汗（Qayir-qan）者，欲没人所赍，乃指为蒙古间谍，擅执诸商，杀其人而夺其物。

成吉思汗闻报，惊怒而泣，登山免冠解带置项后，跪地求天助其复仇，祈祷三日夜始下山。

唯在进兵花剌子模以前，必先除其旧敌屈出律，遂遣使臣一人名巴格剌（Bagra）者，偕副使二人，至摩诃末所传语曰："君前与我约，许不虐待此国商人；今遽背约，枉为一国之主；若讹答剌虐杀商人之事果非君命，则请以守将付我，听我惩罚，否则请以兵见。"

哈亦儿汗者，算端母族也，大将权重，不受算端之制，摩诃末虽欲惩之，势亦有所不能。且恃国大兵强，遂杀巴格剌，薙蒙古副使二人须而遣之归。

已而摩诃末集军于撒麻耳干，将往讨屈出律。忽闻有蔑儿乞部众阑入咸海北之康里部境内，摩诃末乃取道不花剌，进军甄的，以却此外来之游牧部落。及至甄的，则闻屈出律已为蒙古所灭。此蔑儿乞部人曾与屈出律相结。已有一蒙古军追击于后，摩诃末自度兵少，乃还撒麻耳干，续调新军，再至甄的；至此城北，遂蹑两军之迹，次哈亦里（Qayli）、乞马赤（Qimač）二水间，见一战场，伏尸遍地，一蔑儿乞人伤未死，询之，则言蒙古人已得胜，适拔营去。摩诃末乃蹑蒙古军去路，越日及之，方欲进击。蒙古主帅（传为拙赤）遣使来言，两国未处战争中，且曾奉命，若遇花剌子模军，当以友谊相待，请分卤获以犒军。摩诃末自恃兵多，答曰："成吉思汗虽命汝曹勿击我，然上帝命我击汝曹！"蒙古军不得已应战，先却花剌子模军左翼，进捣摩诃末所在之中军，中军将溃；会摩诃末子札阑丁所将右翼胜敌，见父危急，以右翼趋援，阵势始整，战至日暮始息。入夜，蒙古军多燃火于营以误敌，疾驰而去。比晓，距战地已二日程矣。是战以后，摩诃末始不敢轻视蒙古，曾告其亲幸者曰："我遇敌多矣，未见有如此军者。"还撒麻耳干，以爵号封地赏诸将。

　　成吉思汗灭屈出律并入西辽以后，于一二一八年大会诸王重臣，定策往征摩诃末，命弟帖木格斡赤斤留守蒙古，自率大军行。次年，驻夏于额儿的石河畔，休息士马；秋进军，畏吾儿亦都护巴而朮阿而忒的斤、阿力麻里汗昔格纳黑的斤、哈剌鲁汗阿儿思兰，皆以兵来会。

　　花剌子模有兵四十万，然纪律服从、耐苦习战皆不及蒙古军。摩诃末自即位以来，陆续开拓疆土，已至极盛而衰之时。蒙古军迫，怯不敢战，反分屯军队于河中、花剌子模诸城中，自身亦远避战地。有谓诸将不愿战，建此守而不战之策。有谓摩诃末信星者言，以天象不吉，不利于战。有谓其中成吉思汗离间之计。缘有讹答剌人名别都鲁丁（Bädr ad-Din）者，父叔及亲属数人悉为摩诃末所害，因矢志复仇，投蒙古，献离间策，谓乘摩诃末母子不和，以计间之，遂伪作秃儿堪可敦戚党诸将致成吉思汗书曰："我等举部自康里投花剌子模，而从算端摩诃末者，以其母故也。曾为花剌子模拓地甚广，乃算端遽忘恩而怨母,可敦欲我等为之雪恨,唯待大军之至,即举部相从。"成吉思汗使人故遗其书,使摩诃末得之,摩诃末遂疑诸将,分其兵势,散之诸堡。三说未知孰是。然诸将不愿与敌作野战,而摩诃末曾以为蒙古人于剽掠后必饱载而去,故取守势,殆近真相也。

第八章　西征之役　上

一二一九年秋，成吉思汗自额儿的失河进兵入摩诃末之国。当时蒙古人似未识此国之名，缘花剌子模之名仅一见于《元史》西北地附录，此外在纪传中皆名之曰回回国；《元朝秘史》之对称作撒儿塔兀勒（Sarta'ul），耶律楚材《西游录》则作"谋速鲁蛮（Musulman）种落"，皆不以花剌子模名之；《元朝秘史》中固见有其别译曰忽鲁木石（Qurumši），然旁注作"姓"，而不知其为国名也。对于国名如此，对于人名可知，所以算端摩诃末之名不见于元人记载，殆亦因其敌来不敢抵抗，致使其名不传欤！

成吉思汗分军为四：第一军察合台、阔窝台①二子将之，进攻讹答剌；第二军拙赤将之，为右手军，进取氊的；第三军阿剌黑（Alaq）、遭客秃（Sukätu）、塔海（Tağai）三将将之，为左手军，进取别纳客忒（Bänakät）。三军之目的地皆在昔浑河畔诸城。成吉思汗自率四子拖雷将大军渡河进取不花剌，以断摩诃末与河中之交通，而绝受围各城之援。

讹答剌城粮储充足，哈亦儿汗士卒亦众，更有哈剌札汗（Qaraja-qan）之援兵万骑，被围五阅月，军民气沮；哈剌札汗唱降议，哈亦儿汗以前杀商人，得罪蒙古，自度无生理，愿死守。哈剌札见其不降意决，乃乘夜独率所部精兵出城欲遁，为蒙古军所执，哈剌札汗请降，蒙古汗

---

① "阔窝台"，当作"窝阔台"。

二子以其不忠于其主，并其部众斩之。

蒙古军遂拔讹答剌，驱民于野，纵掠城内。哈亦儿汗率残军退保子城，又相持一月，部下伤亡几尽，子城亦陷；哈亦儿汗贾勇巷战，蒙古军欲生致之，诸面肉薄以进，哈亦儿汗率从卒二人登屋格斗，从卒尽死，箙中无矢，犹持砖掷人，妇女在墙下授砖以助，已而众寡不敌，虽奋仆数人，终被擒送至撒麻耳干成吉思汗营，成吉思命镕银液灌其耳目杀之。蒙古军夷平讹答剌之子城，驱免死之民向不花剌。

拙赤一军向毡的者，道次昔浑河畔之昔格纳黑（Signaq）城，遣一伊斯兰教徒名哈散哈只（Hasan Haji）者往谕城民出降；哈散至城下，言甫启口，城民群击杀之。

拙赤下令进攻，不许休止，士卒更番迭进，连攻七日，拔其城，尽屠居民，命哈散之子守此无人之地。自是连下讹迹邗、巴耳赤邗（Barčin, Barčinligkant）、额失纳思（Äšnas）诸城，进逼毡的；守将夜遁，渡昔浑河而走玉龙杰赤（Urginj）。拙赤遣使者名真帖木儿（Čintāmur）者往谕毡的降，城中无主，人民纷呶不知所从，见真帖木儿至、欲杀之，真帖木儿举昔格纳黑之前事劝诫，且伪与约，誓引蒙古军他去，不入城内，城民乃释之归。

已而蒙古兵至，毡的城民恃城高不为备，蒙古兵树梯环登，逾城而入，驱民于野，以未抗拒得免死，仅戮辱真帖木儿者数人，纵掠九日，然后许露处野外之居民入城。以不花剌人阿里火者为毡的长官。旋分兵下其邻城养吉干（Yangikant）。先是有畏吾儿军（一说为别军）万人从征，至是许遣还国，别募突厥蛮之游牧部落万人以代之。使那颜台纳勒（Tainal）率新募军进向花剌子模，此军在途不服约束，乘台纳勒率前锋先行，叛杀其代将；台纳勒闻变驰还，击杀大半，余众遁马鲁（Maru, Merv）、阿母（Amul）二城。

第三军仅五千人，进至别剌客忒。守城之康里将卒逾三日始乞降，蒙古军先许其不死，既降之后，驱城中人于城外，别置将卒于一处，尽歼之。分工匠于诸队，集聚丁壮，役之以攻未下诸城。

已而此军渡河进向忽毡（Qojand）。忽毡守将帖木儿灭里（Tämur-Mälik），即《元史》所谓之灭里可汗，骁将也，以精锐千人退守昔浑河中岛上之一堡，岛距两岸远，矢石所不及。蒙古军旋得讹答剌等处蒙古兵二万、土民五万来助，编土民什百为队，以蒙古将校督之，运石于三十里外山中，以填河。帖木儿灭里造甲板舟十二艘，覆以毡，用醋浸粘土厚涂之，以御火攻之器；每日出六舟薄两岸，从舟隙发矢射蒙古军。蒙古军累被夜袭，多所损折。已而帖木儿灭里计穷，势不支，夜以七十舟载士卒辎重，自帅精锐驾甲板舟，列炬烛川，沿流而下。蒙古军在别纳客忒附近以铁絙横锁川中。帖木儿灭里断絙随流而下，两岸追兵不绝。帖木儿灭里闻拙赤于毡的附近昔浑河夹岸置重戍，配置弩炮，并结舟为梁，阻绝川途，乃舍舟乘马陆行。见蒙古兵追击，则止而与战，待辎重前进，然后再行，如是数日。部卒本少，及是益减，不得已弃辎重。已而从卒次第亡失尽，单骑败走，蒙古三骑尾随不舍，势逼，视箙中仅领三矢，矢镞已失，取射最近追骑，贯其一目，二骑反走，帖木儿灭里遂得脱，至玉龙杰赤。复自是往依札阑丁，相从至于此王之死。

成吉思汗自与四子拖雷率军进向不花剌，行近匝儿讷黑（Zarnuq）城，城民皆避入堡。成吉思汗遣答尼失蛮（Danišmand）往谕降，堡中守卒胁之。答尼失蛮呼曰："我谋速鲁蛮（犹言伊斯兰教徒），亦谋速鲁蛮之子，奉成吉思汗命来拯汝等于深渊中；大军距此不远，汝等若稍抵抗，霎时堡叠屋舍将平，血淹田亩矣，不如降，可保身家。"城民感悟，遣代表奉馈礼赴汗营，汗怒匝儿讷黑官吏不亲纳款，命召之至，官吏惧而来谒，然汗善待之；令居民出城外，签丁壮为兵，编作一队，备不花剌攻城之役，余民听还家，堕堡而去。

自是募一突厥蛮为导，取人迹罕经之途，进向讷儿（Nur）。前锋塔亦儿把阿秃儿（Täïr Ba'atur）遣人至讷儿城招降，诸民疑虑不敢降；招降使者数至，乃开门纳款。塔亦儿不驻而去，送讷儿代表赍馈礼至成吉思汗营。汗命速不台至讷儿，速不台谕居民曰："汝等既保性命，况家畜农具一不夺取，应以为足，第应出城外，不许别携一物。"居民既出，蒙古兵遂纵掠。汗寻至，问居民所纳其主税额若干，居民以千五百底纳儿对，汗命如额输前锋营，许不额外再有诛求，居民立脱妇女耳环，已足供其半额。

一二二〇年三月，成吉思汗进至不花剌，士卒继至，屯于城之四围。城内有兵二万，被攻数日，守城诸将度不支，夜率全军突围出走。蒙古军出不意被袭，急退。嗣见敌不乘胜进击，反遁走，遂整列追之，及诸阿母河畔，鏖杀殆尽。

翌日，城中遣教长、绅耆等出城纳款。成吉思汗入城，过大礼拜寺，骑而入，问此是否算端宫？答者曰："此上帝宅。"遂在祭坛前下马，登讲台二三级，大声言曰："野草已刈，速以物来饲吾属马。"居民遂入市仓取谷；蒙古兵运可兰（Koran）经棋置庭中，以代马槽；践伊斯兰教之圣经于马蹄下，置酒囊于寺中，召舞者歌女入寺歌舞，自唱其种人歌，声彻四壁；命教师执隶役，为之护视鞍马。

如是者一二时，成吉思汗出城赴祈祷场，不花剌居民盛会时聚祷之所也。集居民于场中，汗登坛问众中孰最殷富？众举二百八十人以应。中有九十人外国籍，汗尽召之使前，谕以算端挑衅①，及己不得已而用兵之意，既而曰："应知汝曹已犯大过，人民之长负罪尤重，汝曹若问我所言何据，我将答汝曹曰，我为天灾，设汝曹无大罪，上帝曷降灾汝曹之首？"次言地上财宝自知取之，勿营汝曹自献；第应速告地中伏藏，命诸人指出管家之仆，强之呈献其主财货。

时犹有花剌子模兵四百骑未能随大队出城，退据内堡。蒙古兵宣告于市，凡能执兵者皆应来前，违者死。诸壮丁出，遂命其执内堡填壕之役。已而炮攻内堡，凡十二日，内堡破，尽歼堡中守者。

内堡既克，下令迫不花剌居民出城，附身衣服外不许携带一物。居民既出，遂纵掠。凡违令未出城者，搜得辄杀之。对男子辱其妇女，拷掠富豪，强其指出藏金所在。已而在城中各处纵火，除大礼拜寺及宫殿

---

① "釁"，应作"釁"，即"衅"。

数处以砖建筑外，余悉木房，尽付一炬。

成吉思汗焚不花剌后，东向进兵撒麻耳干。两城相距有五日程，军循那密（Namid, Sogd, Zarafšan）河行，沿河风景甚丽，园林别墅相望。成吉思汗分兵攻取河畔之二堡，自率大军进向撒麻耳干，所俘不花剌民随军后行，备受虐待，疲不能前者辄被杀。

撒麻耳干亦名薛迷思干（Sämizkant），摩诃末之新都也，守兵五万（一说有突厥兵六万，波斯兵五万），良将统之，城堡甚固，不易攻下。成吉思汗知之，故先掠取四周之地，绝其外援，然后进兵于其城下。时其他三军已取昔浑河北诸地，亦来会，并驱土著丁壮至。汗以骑兵先达城；翌日步队俘虏继至，编俘虏十人为一队，队执一旗，陆续经行城下，俾城人知其兵多。汗环城观其形势者二日。第三日晨，命丁壮与士卒进攻，城中军民出战，丧失千人，败还城中，于是守者气沮。守兵以康里人居大半，康里人自以为与蒙古人为同类，必受善待，因怀去就。成吉思汗召之来投，康里兵遂携其眷属辎重出城降。第四日，将攻城，城民赴蒙古营纳款，汗善谕之归，遂开城延蒙古兵入（时在是年四月）。蒙古兵首先堕其壁垒，命居民悉出城，违者杀无赦，仅许法官、教士及其亲从等留城中。

是夜有康里将名阿勒卜汗（Alb-qan）者，率兵千人自内堡突围出走。达曙，蒙古兵诸面同时进攻内堡，薄暮克之。守者千人，退守礼拜寺，力抗不降，蒙古兵纵火焚杀之。

至是聚康里人于一处，收其兵械马匹。依蒙古俗，降卒须改衣蒙古服装，薙发结辫，兹亦命康里人为之，以安其心。至夜尽屠之，死者康里兵三万，统将二十人。

撒麻耳干居民被杀者为数亦众。成吉思汗括余民，取工匠三万人分赏诸子诸将，中有人匠三千户后徙荨麻林（今万全县西北之洗马林堡）。搜简供军役者，为数亦有三万。余居民五万人，出赎金二十万底纳儿，然后许其还城。成吉思汗驱新编之丁壮一部渡阿母河。所余丁壮以付诸子，供进攻玉龙杰赤之用。

撒麻耳干城有战象二十头，象奴以献成吉思汗，请给象粮。汗问象被捕前所食何物？对曰食草。乃命放象于野，后皆饿死。

初，成吉思汗抵撒麻耳干城下时，即命者别、速不台二人各将万骑往追算端摩诃末。谕以径追算端；若遇重兵，勿与战，待大军至；若摩诃末不战而逃，则追随勿舍。沿途诸城降者免之，抗者灭之。

蒙古军进躏河中之时，摩诃末退避于哈里甫（Kalif）、安的胡（Andkhud）两地之间，其意似在防止蒙古兵渡阿母河。撒麻耳干之被围也，曾先遣万骑，后遣二万骑往援，然无一军敢至撒麻耳干城下。已而集将吏议进止。诸将以河中已无暇可救，应调集全国之兵守阿母河。别又有人劝摩诃末赴哥疾宁，集兵以抗，纵不胜可奔印度。摩诃末以此策万全，从之。遂向哥疾宁，道经巴里黑，其子鲁克那丁遣国相阿马都木勒克（Amad-al-Mulk）自伊剌黑阿者迷来见，献议，言伊剌黑人财具足，可以御敌，不如西向，摩诃末从之。札阑丁时从父，深不以此二退兵策为然，欲阻蒙古兵渡阿母河，力请于父曰："设父决赴伊剌黑，则乞假兵柄，与敌一战，纵败，人民不致有怨言，而谓平时重税于民，处危时乃弃民去，一任鞑靼人之蹂躏也。"摩诃末不从，反斥其少不更事；且言吉凶有定，灾祸之来，孰能抗之，不如待天象有利于我之时。

摩诃末离巴里黑前，遣一支队赴忒耳迷北之般札卜（Panjab）诇敌情，旋闻报，不花剌陷，继报撒麻里干降，遂急离巴里黑。扈从军士皆康里人，诸将皆秃儿堪可敦之戚也。中途谋杀算端，事泄，摩诃末夜易寝幕防之，晨起视空幕，攒矢已满，遂疾行。四月二十八日抵你沙不儿。五月十二日侦知敌骑已入呼罗珊，乃藉行猎为名，奔你沙不儿而去。

者别、速不台二将长驱直入呼罗珊。是时呼罗珊民物繁庶，分四郡，以马鲁、也里、你沙不儿、巴里黑四城为郡治。蒙古兵至巴里黑，城民纳币迎降，蒙古兵置一守将而去。进至匝哇（Zava），城人闭门，拒不献粮；蒙古兵不欲顿兵于此，舍之而去。守城者登陴击鼓詈蒙古兵。蒙古兵怒，回攻其城。三日拔之，尽屠居民，纵火而去。进向你沙不儿，执土民询算端踪迹。

五月二十四日，蒙古兵至你沙不儿城下，谕令开城，城民请俟其主就擒，然后降附，先馈军粮，蒙古兵受之而去。其后他队连日经过城下。六月五日，者别过此，亦皆受馈粮而去。

者别、速不台各率所部分躏各地，速不台历破徒思（Tus）、达木罕（Damğan）、西模娘（Simnan）等城。者别历破祃拶答而诸城。至剌夷（Rayi）城下，与速不台军会，共破剌夷而屠其民。

摩诃末自你沙不儿出奔其子鲁克那丁营。时鲁克那丁已集伊剌黑军三万人于可疾云（Qazvin）城下；摩诃末抵可疾云，召罗耳（Luristan）王哈匝儿阿思（Hazar-Asb）与谋御敌策。罗耳王献议曰，罗耳、法儿思两地以山为界，算端应急赴山南，其地物力丰饶，不难纠集诸部之兵十万，以扼诸山隘口，敌来与战，可振士气。摩诃末误以罗耳王有图法儿思之意，不用其策，罗耳王遂还其国。已而得剌夷不守之警报，随从算端之王侯贵人争先出奔，士卒亦溃。摩诃末率诸子避往哈仑（Qarun）堡，途遇蒙古兵，不识其为算端，发矢射之，算端马负数伤，忍痛而趋。至哈仑堡，仅留一日。易健马，进向报达。甫离堡，蒙古兵至，以算端在堡中，急进攻。已而知其已去，解围追之，途中捕得算端放还之向导数人，询知算端逃向报达；然算端实已趋他道，蒙古兵失其踪迹，杀导者而还。

摩诃末既改道，驰向可疾云西北数十里之撒儿察罕（Sar-Čahan）堡；居七日，又奔歧兰（Gilan）；复由歧兰奔祃拶答而；既至，几子身无长物矣。时蒙古兵已入祃拶答而，破其都会阿模里（Amol），及其商业城市阿思塔剌巴的（Astarabad）。摩诃末询诸土酋，何地可以避兵，诸酋劝其暂避于里海中之岛上，摩诃末从之，至海岸一村落中；居数日，其仇家导蒙古兵至，摩诃末亟登舟出海；蒙古兵在岸上发矢射之，有数骑跃马入海逐舟，尽溺死。

时摩诃末已得肋膜炎疾，自知将死，乘舟离岸时叹曰："君临之国不少，乃无数尺之地可作坟墓。"既而登一名阿必思昆(Abiskun)之小岛，喜其地安宁，结幕居焉。祃拶答而沿岸居民以粮物来献，摩诃末并授以官职食邑。时随从诸人多已遣赴诸子所，有时且须亲作制书授之。数年后札阑丁复国时，凡以此类制书献者，皆如约授之。其以故算端之遗物献者，亦重赏之。

摩诃末自知病势日重，召诸子札阑丁、斡思刺黑沙、阿黑沙(Aq-šah)等至，收回前此命斡思刺黑沙嗣位之成命，谓非札阑丁不足以光复故国，亲取佩刀系其腰，命诸子对之委质。不数日死，仓卒无殓服，即以其衬衫裹葬之。时在一二二〇年十二月，一说在一二二一年一月。

先是摩诃末弃阿母河时，曾遣使至玉龙赤杰，促其母秃儿堪可敦避兵祃拶答而境内。会成吉思汗之使者答尼失蛮亦至，答尼失蛮转达蒙古汗言，谓汗知算端不孝其母，国中将校愿助蒙古军，然汗实无意侵入可敦所主花剌子模之地；请遣亲信之使者来议，他日诸地略定后，将以呼罗珊奉可敦云。可敦置不答。及闻算端退走之讯，乃尽率摩诃末之妻子，轻赍珍宝，弃花剌子模而去。以为蒙古军饱掠后，不久必退。而摩诃末昔年兼并之诸国王侯皆在玉龙杰赤狱中，恐己去后生变，乃于频行之先，尽出此等系囚投之阿母河中，仅留牙疾儿(Yazir)王子作向导，后亦杀之。

祃拶答而山中有堡名亦剌勒(Ilal)，险峻难攻，秃儿堪可敦避兵于此。速不台追摩诃末经此堡下，留兵一队攻之。是堡常多雾雨，得水易，居民从未疏池蓄水以备旱。及堡被围，久不雨，守兵渴甚，不得已乞降。蒙古兵入据之日，云雾蔽天，俘秃儿堪可敦及摩诃末之妻子送成吉思汗营。时汗适在围攻塔里寒(Taliqan)寨。摩诃末诸子虽在稚年，成吉思汗尽杀之。摩诃末四女，以二女赐察合台，察合台自纳一人，以其一转赐家臣。第三女赐答尼失蛮为妻。至前嫁河中汗斡思蛮而寡居之女，为叶密立(Imil)城之染工所得，一说成吉思汗长子拙赤请之于父纳之，后生数子。成吉思汗挈秃儿堪可敦归蒙古。后在一二三三年殁于和林(Qaraqorum)。

先是摩诃末西奔,经比思塔木(Bistam)城,以宝石二箧(一作十箧)付一侍臣,命交额儿迭罕(Ārdähan)堡守将;后守将以献蒙古军,转送蒙古主营。

第九章　西征之役　中

摩诃末死后，其三子从海道至曼乞失剌黑（Manqišlaġ），从者七十骑，复自是驰抵玉龙杰赤。先是秃儿堪可敦之出奔也，未置留守，及三王子至，全城大欢。未久，有兵七万集于诸王麾下，诸将皆突厥人，始利斡思剌黑沙暗弱易与，及知以位让兄，遂大失望，因谋杀新算端。札阑丁闻其谋，一二二一年二月十日遽出奔呼罗珊，前忽毡守将帖木儿灭里以三百骑从，疾驱横断花剌子模、呼罗珊两地十六日程之沙漠，而至纳撒（Nasa）。

成吉思汗既克撒麻耳干，屯兵于撒麻耳干、那黑沙不（Nakhšab, Nasaf）两城之间。次年春，闻摩诃末诸子走玉龙杰赤，即命拙赤从毡的进，察合台、窝阔台从不花剌进，命会师于玉龙杰赤城下。别以兵戍守呼罗珊北境，防其南奔。札阑丁抵纳撒时，已有蒙古逻骑七百屯于其地附近，札阑丁猛击败之，复由是进至你沙不儿。

札阑丁自玉龙杰赤出走之后三日，斡思剌黑沙、阿黑沙二人闻蒙古军进兵之讯，亦出奔呼罗珊。蒙古军蹑其后，追杀之于维失忒（Väšt）村中。

花剌子模旧都跨阿母河两岸，突厥人名之曰古儿犍只（Gurganj），蒙古人则名兀儿犍只（Urganj），疑用畏吾儿字夺其第一声母，汉译又讹作玉龙杰赤、兀笼格赤等称，阿剌壁语则名术儿札尼牙（Jurjaniya）。自摩诃末三子出奔以后，城中无主，共推秃儿堪可敦之戚忽马儿的斤（Humar-tä-gin）为算端。蒙古军先至城下者为塔之别乞（Taji Bäki）

之前锋军，窝阔台与孛斡儿出之军续至，察合台、脱栾之军续至，拙赤之军最后至，其数共逾十万。蒙古前锋进至城下时，守军出战，失利退还。拙赤遣人招降，城民不从，蒙古军乃退治攻具，境内无石，则多伐桑木，渍水增其重量，以代炮石之用。命所掠诸地丁壮执填壕之役，十日而工毕。至是蒙古军欲取横跨阿母河两岸之桥梁，遣兵三千人往，尽没。已而拙赤、察合台二王失和，号令不一，纪律亦弛，蒙古军因是多所损伤，七阅月而城不下。成吉思汗在塔里寒廉得其情，大怒，改命窝阔台总司军令，于是军气复振。下令总攻，守者遂不支。蒙古兵梯登入城，以石油浇先见房屋，纵火焚之。花剌子模兵仍奋勇巷战，妇女亦参列行间，如是七日，终乃乞降。蒙古军遂驱民尽出城，徙其工匠十万于东方，相传是为东方诸地有伊斯兰教侨民之始。城中余众除妇孺夷为奴婢外，悉配诸队屠之，闻蒙古军五万人，每人杀二十四人，则被屠者有百二十万矣。屠后引水灌城，庐舍尽毁，藏者皆死，所能存者，仅旧宫与算端帖客失之墓而已。

一二二〇年成吉思汗驻夏于那黑沙不。已而进兵阿母河北之忒耳迷，谕城民开城堕堡垒，不从，攻十日拔之，尽驱其民出城，分配诸队屠之，有老妇将受刃，呼曰：有宝珠愿献。及索其珠，则云已咽入腹中，乃剖腹出珠。于是蒙古军以为他人亦有咽珠事，尝破诸死者腹以求之。

是年分兵入巴达哈伤（Badaqsan），降之同时命拖雷率军入呼罗珊，残破其地。一二二一年春，成吉思汗率军渡阿母河，巴里黑城遣使迎降，献重币。已而闻札阑丁聚兵于哥疾宁之报，念留此大城于后路为非计，遂以检括户口为名，驱巴里黑之民出城，尽屠之。纵火焚庐舍，夷其堡垒而去。

拖雷之入呼罗珊也，以脱忽察儿为前锋。一二二〇年十一月，脱忽察儿进至你沙不儿，攻城甫三日，成吉思汗命夺其职。缘先是成吉思汗有命，来降者勿扰其民，也里城长官额明木勒克（Ämin al-Mulk），即《元秘史》所志之篾力克罕（Mälik-qan）者，曾纳款于蒙古军，而脱忽察儿违令抄掠其境，额明木勒克因复投札阑丁，成吉思汗怒，遂夺脱忽察儿职。故西域书传其为你沙不儿守兵所射杀。脱忽察儿既行，代将者以兵力薄，不能克你沙不儿，遂解围去。分军为二队，自率其一攻撒卜咱瓦儿（Sabzavar），三日拨之，杀其居民七万人。其一队入徒思境，取诸堡。

拖雷本军七万进至马鲁城下，击败屯于城外之突厥蛮军万骑。次日（一二二一年二月二十五日），拖雷率五百骑周视城垒。七日之间，全军悉集，乃下令进攻。守兵从诸门出城突击二次，皆被却还。守将乞降。拖雷纵兵入城，驱居民尽出，凡四日，城始空。先引所俘将卒对众斩之，继杀居民，死者数十万。唯工匠四百及童男女若干得免。拖雷屠城后，置蒙古戍将一人以镇之，自率军进向你沙不儿。

先是蒙古游骑至你沙不儿附近者，辄为城人所害，如是数月。城民逆料蒙古必来复仇，遂坚其守备，城上置发弩机三千，发石机五百。蒙古军攻具亦强，首先残破你沙不儿四周之地；对城配置发弩机三千，发弩机三百，投射火油机七百，云梯四千，炮石二千五百担；攻具既多，士卒复众，围城中人望之夺气，遂请降；并许纳岁贡，拖雷不许。翌日（一二二一年四月七日），环城同时进攻，昼夜不息，比晓，壕堑已平，城墙裂七十口；蒙古兵诸面攀登而入，街巷屋舍皆成战场，屠杀数日，猫犬无遗。拖雷闻屠马鲁时，民匿积尸中得免者不少，至是命尽断死者首，三分男女幼童之首，聚之为塔。免者唯工匠四百。毁城历十五日，城市遂墟。

时呼罗珊境内之四大城，仅也里一城未下，拖雷移军攻之。其别将分躏徒思者，在此城附近掘发哈里发诃仑剌失德（Haruner-Rašid）之墓。拖雷顺路躏忽希斯单（Quhistan），进至也里城下，遣使谕降。守将杀谕降使，励所部奋勇死守。蒙古兵诸面同时进攻，剧战凡八日，也里守将殁于阵，城人遂乞降。拖雷仅杀官吏士卒，一万二千人，置一戍将以镇之。越八日，拖雷奉父命会师于塔里寒。

时成吉思汗已克塔里寒，驻夏于其附近山中。察合台、窝阔台二子还至玉龙杰赤。长子拙赤则于攻下此城以后，渡昔浑河北去。是秋，成吉思汗闻札阑丁拥重兵据哥疾宁，遂进兵往攻之；道经客儿端（Kerduan）寨，留攻一月，拔而夷之。逾大雪山（Hindu-kuš），进攻范延，察合台子木秃干（Mutugan）在城下伤矢卒，成吉思汗钟爱此孙，悲愤下令进攻，陷之，不赦一人，不取一物，概夷灭之。此城百年以后尚无居民。

初，札阑丁横断花刺子模沙漠在纳撒击退蒙古逻骑以后，进至你沙不儿，居三日行，行甫一日，蒙古兵蹑踪而至，亟追之。（一二二一年二月十日），札阑丁遣一将拒之岐①路，自从别道逸，蒙古兵遂失其踪迹。札阑丁于是日一日间奔四百里，至柔赞（Zuzan），欲入城息鞍马，城民拒不纳，遂即夜行。翌日，蒙古军追逐至于也里道上，不及而还。三日后，札阑丁安抵哥疾宁。

先是哥疾宁守将于一二二〇年时离哥疾宁，与额明木勒克会兵昔思田（Sijistan），富楼沙（Fešawar）守将摩诃末阿里哈儿卜思忒（Muhammad b. Ali Qarpust）遂入据之，所部古耳军甚众，额明木勒克遣使与之约联合以拒蒙古。哈儿卜思忒拒之曰："古耳人与突厥不能共处，请各守其地，如算端旨。"时札阑丁相苦思木勒克（Sams al Mulk）为哥疾宁民政长官，与内堡守将撒刺丁（Salah ad-Din）同谋除哈儿卜思忒，设宴招引于近郭园林。酒酣，萨拉丁手刃之。古耳兵闻主将死皆溃。后二三日，额明木勒克至哥疾宁，囚苦思木勒克于堡中。

已而有蒙古军二三千人进至不思忒（Bust），额明木勒克率军前往御，留撒剌丁守哥疾宁。古耳人遂乘隙杀撒剌丁，而奉忒耳迷人剌齐木勒克（Razi al-Mulk）、兀木答木勒克（Umdat al-Mulk）兄弟二人为主，剌齐木勒克遂自称王。时有哈刺只（Qalaji）、突厥蛮两部之人自呼罗珊、河中两地逃还富楼沙境者，为数颇众，奉阿格剌黑灭里（Agraq-Mälik）为主。剌齐木勒克谋袭其众而取其地，与战不胜，阵殁，其弟兀木答木勒克代之为主。已而巴里黑人阿匝木灭里（Azam-

---

① "岐"，今写作"歧"。

Mälik)与可不里（Kabul）酋灭里失儿（Malik-šir）合兵攻取哥疾宁，据其外城。兀木答木勒克退守内堡。被围四十日，城将下。而苫思木勒克被札阑丁释出狱，迁之至哥疾宁备供张，诸部闻算端将至，遂息争。越七日，札阑丁至，诸部之众皆集其麾下，额明木勒克亦率所部三万人来从。由是札阑丁尽有阿匝木灭里、额明木勒克、阿格剌黑灭里三部之众，而阿富汗部长木匝发儿灭里（Muzaffar-Mälik）、哈剌鲁部长哈散（Hasan）亦各率所部来附。总以上诸军凡六七万骑。札阑丁以女妻额明木勒克。

札阑丁率此军进向范延附近之八鲁弯（Parwan），益前进，击蒙古兵之围攻瓦里养（Waliyan）寨者。蒙古兵丧千人，渡般失儿（Panšir）河毁桥而退，与大军合。

成吉思汗闻讯，立遣失吉忽秃忽以三万人（一说四万五千人）往敌。札阑丁亦进军，两军遇于八鲁弯附近十里之地。札阑丁以额明木勒克将右翼，阿格剌黑将左翼，命骑士尽下马，各系马缰于腰而战。右翼先为蒙古军所破，旋得中军左翼之援，阵势遂整，两军反复冲突，互有损伤甚众；如是二日，胜负不决。第二夜，各退还营，失吉忽秃忽欲绐敌，命各骑缚毡象人，置手引从马上，骑卒以手扶之，俾敌军知其有援军至。诘朝札阑丁诸将望见敌兵列阵两行，果以为得援，议退，札阑丁持不可，下令仍如昨日步战，蒙古军以前战阿格剌黑军最勇，因悉锐击左翼，左翼攒射之，蒙古军却而复进，花剌子模军阵殁五百人；于是札阑丁吹角，全军上马，大呼突击蒙古军，蒙古军遂溃，得脱还者为数无几。

是役札阑丁虽胜，而不免其军之解体。额明木勒克、阿格剌黑分卤获时，争欲得一阿剌壁种骏马，不相让，额明木勒克怒举鞭挝阿格剌黑首，札阑丁不加责让，阿格剌黑愤恚，即夜率所部哈剌只、突厥蛮之众退走富楼沙，并诱古耳部长阿匝木灭里离叛而去。由是札阑丁所部仅余突厥及花剌子模之众，遂退哥疾宁。已而闻成吉思汗将大军至，复退向申河而去。

成吉思汗闻败讯，以素视失吉忽秃忽若弟，不之责，仅语之曰："狃于常胜，未受挫折，今遭此败，当以为戒。"遂下令整军疾驰，进向哥疾宁，在途二日，行不及炊，至八鲁弯战地，令失吉忽秃忽指示两军布阵处，汗以不善择地责之。进至哥疾宁，则札阑丁已行十有五日矣。城民不抗而降，置一长官治之。仍率军追逐札阑丁，及之于申河河畔；闻其将于次日渡河，乃即夜疾进，击溃兀儿罕（Urqan）所将之花剌子模殿后军，命布阵数列，对河作偃月形，进围札阑丁之余众。黎明，（一二二一年十一月二十四日，一说在十二月九日），下令进攻，进薄花剌子模军，破其右翼，右翼士卒死伤大半。统将额明木勒克逃富楼沙，蒙古军杀之于道。左翼亦败，札阑丁仅余七百人，奋勇进战，数欲突围出；蒙古军欲生致之，不发矢，战至日中，札阑丁见重围不开，乃易健马，复为最后一次之突击，蒙古军后却；札阑丁忽回马首，脱甲负盾执纛，从二丈高崖上跃马下投申河，截流而渡。成吉思汗见之，指示诸子曰，此人可为汝曹法也。止将卒之欲泳水往追者。蒙古军发矢射从渡之花剌子模兵，死者甚夥，河水为赤，尽歼岸上残兵，虏札阑丁眷属，杀其诸子。

札阑丁既跃马横断申河，于战地对岸稍下流处登其东岸，其始孑身无人从，既而将士效之得渡者次第来集。此等残兵百物皆缺，遂抄掠自资。印度之尤的（Judi）王以骑兵千人、步兵五千人来逐，札阑丁以四千骑击走印度兵，射杀其将，多所卤获。寻闻蒙古兵渡河来追，乃向底里（Delhi）退走。

成吉思汗命巴剌（Bala）、朵儿伯朵黑申二将渡河追敌，不得札阑丁踪迹，进围木勒坛（Multan），未能下，以天时酷热解围去；不欲深入，遂蹰印度边地，重渡申河，取道哥疾宁与大军合。

成吉思汗既遣二将渡河后，自率大军于一二二二年春溯申河右岸上行，以哥疾宁城将来或资敌用，命窝阔台往灭之。窝阔台至哥疾宁，以简括户口为名，命居民尽出，除工匠悉送蒙古外，余悉屠之。

同时也里叛杀蒙古长官，成吉思汗命宴只吉带（Iljigitai）征军五万往平其乱。也里城民誓死守城，围之六阅月又十七日，始拔之；尽屠其民，焚杀掠虏凡七日，相传死者逾百万。蒙古军去后，仅余四十人还居城中。

先是马鲁被屠后，居民避地者爱乡情切，不久渐归。邻近流亡知是地肥沃，亦多从居。时有札阑丁部将一人率少数兵来据此城，杀拖雷所置波斯人之为官者。蒙古兵五千人自那黑沙不来，尽戮其民，死者十万。命一伊斯兰教徒名阿黑灭里（Aq-Mälik）者留驻马鲁，搜杀逃民，民藏不出；阿黑灭里命教士呼民出为公共祈祷，藏者闻呼出祷，悉被捕戮。如是四十一日，此城遂荒。

其弃札阑丁而去之哈刺只、突厥蛮、古耳三部之众，旋发生内讧，互杀主将，成吉思汗遣军往击，三部余众多被歼灭，其余溃散。

一二二二年，成吉思汗驻夏于巴鲁弯，长春真人丘处机来见。是年十一月，班师渡阿母河，进至撒麻耳干，召伊斯兰教教师使说明教义；成吉思汗皆是之，唯不以赴默伽（Mekka）巡礼一事为然；以为全世界皆为上帝居宅，任在何地祈祷皆得达于帝所，不必拘拘一地也。已而东行，一二二三年春，行次昔浑河畔，察合台二子来会。一二二四年驻夏于亚历散德（Alexandrovski），山北忽兰巴石（Qulan-basi）之野。先是汗召长子拙赤率其诸子来见，拙赤不至；至是唯遵父命驱野兽至忽兰巴石以供围猎之用，并献马二万匹。嗣后冬夏成吉思汗皆在途中，其二孙忽必烈、旭烈兀（Hulagu）自叶密立之地来见。忽必烈时年十一，射获一兔；旭烈兀九岁，获一鹿。蒙古俗儿童初猎者，应以肉与脂拭中指，兹成吉思汗亲为二孙拭之。一二二五年春，至秃剌河黑林（Qaratun）之斡耳朵。

第十章　西征之役　下

先是追逐摩诃末之者别、速不台两军，于摩诃末死后，残破伊剌黑阿者迷诸城；剌夷已先毁，忽木（Qum）继之。已而进迫哈马丹，城民奉重币迎降，蒙古军置一戍将而去。进破赞章（Zanjan）后，东取可疾云，城民短兵巷战，大伤蒙古兵；卒以力不能抗，全城被屠，死者四万余人。

二将复引军而北，进薄阿哲儿拜占之都城帖必力思（Täbriz），阿哲儿拜占主月即伯年老而嗜酒，不敢以兵抗，馈货币、衣服、马畜而请和，蒙古军遂退出阿哲儿拜占境外。是冬甚寒，以里海沿岸木罕（Muğan）之地草肥而气温，驻冬于此，分兵入谷儿只。

始谷儿只人以蒙古兵驻冬于木罕，天寒未必即出，方分遣使者往约阿哲儿拜占、者疾烈（Jäzirä, Mesopotamie）两国主，俟来春并力合击蒙古军，不意蒙古军突于冬寒之时侵入谷儿只境内。其地之突厥蛮、曲儿忒两部人，平时颇受基督教徒凌虐，畜怨已深；闻蒙古兵进略基督教民之国，多应幕而投麾下，冀得乘机报复，且可饱掠富饶之地以自肥。蒙古兵即以此二部人为前锋，入谷儿只境，所向焚杀。将抵梯弗利思（Tiflis），谷儿只以军来御，蒙古前锋力战不利，多所损伤，谷儿只军亦因以疲弱。蒙古本军遂乘势继进，突击败之，斩杀过半（一二二一年二月）。已而蒙古兵还向帖必力思，月即伯复以重馈献，蒙古军舍之；进围马剌合（Marağa），驱伊斯兰教俘虏攻城，退缩者斩；越数日，城陷，蒙古兵屠其居民，焚城而去（三月三十日）。

蒙古兵自马剌合进向阿儿比勒（Arbil），以山路险隘，骑难并行，乃转向伊剌黑、阿剌壁，哈里发之辖境也。纳昔儿急征阿儿比勒、毛夕里（Mausil, Mosul）、者疾烈三国之兵入援。时者疾烈王已引兵进援埃及，仅有阿儿比勒、毛夕里二国遣军入卫，进屯答忽哈（Daquqa）。哈里发遣军八百人来会，并许续遣大军至，命速进击鞑靼。阿儿比勒王以兵少不足进攻，遣使请于哈里发，请以万骑来，方能驱虏于境外，哈里发不能应；而蒙古兵亦未进击，盖蒙古兵侦悉答忽哈已有一军屯驻，然未知其虚实，未敢进击也。伊斯兰教军见无援至，自度兵少不能战，遂各还其本部。

此军既散，蒙古兵乃进至哈马丹，结营城外，命其所置戍将征发银布以饷军。城民以去岁业已输纳，不堪一再苛索，因迫市长驱逐蒙古戍将。议甫定，民众执戍将杀之。蒙古兵闻报，下令攻城，城民奉律士长（fakih）为帅，开城突击。其始二日战甚勇，蒙古兵多所损折。第三日，城民以律士长不能骑，请市长代将，然市长已携家从地道出亡，城民气沮，虽有死守之决心，然不敢复出战。蒙古兵以死伤多，将退；及见城民中止突击，料其意沮，剧攻入之。城民短兵巷战，不敌，卒受屠戮，亘数日，仅藏伏地穴者得免。蒙古兵焚城而去。

蒙古兵北还，破阿儿答比勒（Ardabil）。复于第三次进至帖必力思城下，月即伯闻警避往纳黑出汪（Naqčuvan），留守帖必力思之将励民防守；蒙古兵知城防甚固，仅索银布而去。进拔撒剌卜（Sarab），屠之。已而进攻阿儿兰（Arran）境内之拜勒寒（Baileqan）。先是此城居民请蒙古使者来城议和，而背约杀之；至是蒙古兵来讨，攻拔其城，尽杀其男子；女子则辱而后杀；剖孕妇戕其胎（一二二一年十月），遂向干札（Ganja），阿儿兰之都城也，城民常与谷儿只人战，以勇敢闻；蒙古兵知不易与，索金帛而去，以兵入谷儿只境。

时谷儿只屯兵于忽难（Qunan）之地，蒙古兵分为二队，者别以五千人设伏，速不台迎战佯败，诱敌入伏中，谷儿只军三万人多半覆没。时谷儿只王剌沙（Laša）新死，女弟鲁速丹（Rhuzudan）嗣位，大将军伊万涅（Ivanä）总军事，闻败讯，仓卒集新军以防蒙古兵深入；新军慑敌兵威，不敢与战，委谷儿只南部于敌，退保梯弗利思。

蒙古兵以谷儿只险隘遍国内，不敢深入，遂饱载卤获，东掠设里汪（Širvan）境，破其都城沙马乞（Samaqi），进拔打耳班（Darband），然舍其子城不取，设里汪沙剌失德（Rasid）避兵子城中。蒙古兵欲北逾太和岭（Caucase），苦无向导，乃伪与设里汪沙约和，请遣使来议，及使者十人至，皆国中贵人也，蒙古兵杀其一人，而胁其余人曰："其不善导蒙古军逾太和岭者视此！"

蒙古兵逾山后，阿速、勒思吉思（Lezgiz）、薛儿客速、钦察诸部合兵以御，两军接战，胜负未决。蒙古兵使人给钦察部人曰："彼此皆突厥，曷必助异族而害同类，不如言和，吾曹愿以金帛馈。"钦察人为其甘言重币所饵，遂弃其同盟军而去。蒙古兵进击其他诸部，败之，蹦诸部地。复出不意进袭钦察部众之散归各地者，杀戮甚众，斩其部酋玉里吉（Yurii Končakovič）等，所获逾其所馈。

钦察者，突厥游牧部落也，据有昔日可萨（Kazar）之地，居黑海、太和岭、里海之北，东起札牙黑水，西抵秃纳（Donau, Danube）水。十二世纪初年，有旧居武川北之库莫奚部西徙，与钦察合，斡罗思人遂名之曰波罗兀赤（Polovčy），欧洲人则名之曰库蛮（Qoman），殆为库莫（Qumaq）一名之转，然后之史家概名之曰钦察。钦察共分十一部，其中之玉里伯里（Ürbeli？）部在元代最著名。

至是钦察经蒙古兵不意之袭击，诸部之众多仓皇委其牧地而去。有钦察部长名迦迪延（Katyan）者，曾以女妻斡罗思部之伽里赤（Galič, Galicie）王密赤思老（Mstislav），遂率其部众逃入乞瓦（Kiev）境内，求援于其婿。

当时斡罗思部据地尚小，其东境不逾窝勒伽河之支流斡迦（Oka）河。境内分为数国，其主皆斡罗思人鲁里克（Rurik）之后裔。九世纪时，鲁里克混一的涅培儿（Dnieper）河之诸撒吉剌（Saqrab，今称斯拉夫Slaves）民族，嗣后遂概称其民曰斡罗思人。鲁里克之后裔以国分属诸子，分国而治，唯奉一有大公之号者为主君。大公以乞瓦为都城，一一六九年时，徙都于兀剌的迷儿（Vladimir）。至是诸藩已多不奉号令，互相争战，伽里赤王密赤思老因妻父之乞援，遂集斡罗思南部诸王于乞瓦，议御敌事，并遣使请兀剌的迷儿大公以兵来助。已而密赤思老纠合乞瓦等部之兵进至的涅培儿河畔。蒙古军遣使来言，无犯斡罗思部意，所讨者其邻钦察，况钦察侵扰斡罗思部有年，不如同蒙古合兵，同分卤获。斡罗思诸王不从，杀蒙古使者，渡的涅培儿河，虏蒙古前锋将，以畀钦察部人杀之。蒙古军欲诱敌远离其境，不战而退。斡罗思军以敌不敢战，蹑迹追逐十二日，至端（Don）河邻近之迦勒迦（Kalka）河，蒙古军列阵以待。伽里赤王自信可以胜敌，不与乞瓦诸部之王相约，独率所部渡河进战，为蒙古军所败。伽里赤王弃其将卒，尽焚迦勒迦河上之舟而逃，其军几尽覆没（一二二三年五月三十一日）。

乞瓦王营于河畔一高冈上，目击伽里赤军之败而不进援。蒙古军至，仓卒谋守御，然已无及矣，抗守三日，不敌，乞降，唯求免死，蒙古将伪许之。获之以后，缚诸王于地，覆版其上，蒙古将卒坐版上宴饮，诸王皆压毙。

兀剌的迷儿大公已遣军在道，闻败讯，遽引退。蒙古军遂长驱直入斡罗思境，躏斡罗思南部，进掠可萨半岛（Crimée）而还。

一二二三年终，蒙古军东还，躏窝勒伽、哈马（Kama）二水上流，不里阿耳部当时所居之地，不里阿耳人以军来拒，蒙古军设伏败之，阵斩甚众。已而取道撒速惕（Sasut, Saqasin）之地，进至康里部，败其部长霍脱里罕（Qotoz-qan? Qutuz-qan?）之兵，与就归途之大军合。

先是花剌子模算端诸子在可疾云仓皇出走之时，鲁克那丁走起儿漫，居七月，闻伊剌黑阿者迷之豪族名札马剌丁摩诃末（Jamal ad-Din Muhammad）者谋据其地，鲁克那丁将以兵讨之，进营于剌夷附近。忽闻蒙古将台马思（Taimas）、台纳勒以军进逼，剌夷附近有速敦阿完的（Sutun-Avend）堡，高踞悬崖，素称难取，鲁克那丁入据之。蒙古兵围攻六阅月，攀登拔之，擒鲁克那丁，命之跪拜蒙古汗，鲁克那丁不屈，并亲从同被杀。札马剌丁输款于蒙古军，蒙古军伪许纳降，诱之至，并其从者尽杀之。

一二二四年，有蒙古兵三千人来自呼罗珊，袭击营于剌夷附近之花剌子模兵六千人，败之。入剌夷，尽屠前此脱死复还之城民。先是柯伤（Kašan）等城不当蒙古进军孔道，得免，至是亦被残破。蒙古兵追击花剌子模溃兵，复入阿哲儿拜占，营于帖必力思城附近。遣人谕其主月即伯曰："若为藩臣，应执花剌子模人以献，否则视汝为敌。"月即伯不敢违，杀花剌子模将卒数人，送其首于蒙古营，并生执余众以献。蒙古军所求既遂，且得厚赠，遂去帖必力思而归呼罗珊。

第十一章　西夏之亡及成吉思汗之死

成吉思汗甫还其斡耳朵，即闻长子拙赤之死讯。先是汗命拙赤经略里海、黑海北方诸地，拙赤未行，汗已不悦；及自西域还蒙古，沿途数召之来见，而拙赤称疾不至，时拙赤实有疾也。有蒙古人自拙赤之地来，汗询以拙赤近状，其人答言甚健，行前尚见其出猎。汗因怒其子违命，欲往讨之。方命窝阔台、察合台先将前锋行，而拙赤死讯至，汗大恸，知其人言不实，所见出猎者乃其部将，而非拙赤本人，欲逮治其罪，则其人已逸去矣。

初，成吉思汗西征前，遣使约西夏主遣军从征，西夏臣阿沙甘不（Ašagambu）答使者曰："力既不足，何必为汗？"不肯发兵。至是成吉思汗追讨其罪，一二二五年秋，成吉思汗亲征西夏。冬间猎于阿儿不合（Arbuqa）之地，坠马受伤，因得疾。驻于搠斡儿合惕（Jo'orqat），遣使诘责西夏，西夏主答词不逊，成吉思汗仍扶疾进兵。

一二二六年三月，在道得梦不祥，预知死期将届，召窝阔台、拖雷二子至，与共朝食毕，时将校满帐中，汗命诸人暂避，密语二子曰："我殆至寿终时矣！赖天之助，我为汝等建一大国；自国之中心达于诸方边极之地，皆有一年行程。汝等如欲长保此国，则必须同心御敌。大位必有一人继承，我死后应奉窝阔台为主，不得背我遗命。察合台不在侧，应使其勿生乱心。"

当时蒙古进兵似取黑水一道，首下黑水城（Qara-Qoto）。继取甘肃等州及西凉府（额里折兀或阿里湫），驻夏于其附近之察速秃（Časutu）山，此言雪山也。

先是一二二〇年耶律留哥死，帖木格斡赤斤承制以留哥妻姚里氏权领其众。至是姚里氏携子善哥、铁哥、永安，从子塔塔儿，孙收国奴，见成吉思汗于西凉城，汗曰："健鹰飞不到之地，尔妇人乃能来耶！"赐之酒，慰劳甚至。姚里氏奏曰："留哥既殁，官民乏主，其长子薛阇扈从有年，愿以次子善哥代之，使归袭爵。"汗曰："薛阇今为蒙古人矣，其从朕之征西域也，回族人围大太子于合迷城（Qamič？Qimač？），薛阇引千军救出之，身中槊。又于不花剌、薛迷思干与回族人格战，伤于流矢，以是积功为把阿秃儿（Ba'atur），不可遣，当令善哥袭其父爵。"姚里氏拜且泣曰："薛阇者，留哥前妻所出，嫡子也，宜立。善哥者，婢子所出，若立之，是私己而蔑天伦，婢子窃以为不可。"汗叹其贤，给驿骑四十，从征西夏，赐西夏俘人九口、马九匹、白金九锭，币器皆以九计，许以薛阇袭爵，而留善哥、塔塔儿、收国奴于汗所，唯遣其季子永安从姚里氏东归。

是年秋，逾沙陀至黄河九渡，渡河，十二月，攻拔灵州，即蒙古语之朵儿蔑该（Dormägai）也。西夏主命嵬名令公自中兴率兵五十万来御，汗败之于黄河沿岸之一平原中。

一二二七年春，成吉思汗留兵攻中兴府，自率师徇下黄河南岸诸地。是夏，驻夏于六盘山，金遣完颜合周、奥屯阿虎来请和。金主所馈物有美珠满盘，成吉思汗以赏诸将之穿耳环者。其无耳环者至穿耳以求之。余珠散地上，任人取之。

时西夏之地尽平，其民穿凿土石以避锋镝，免者百无一二，白骨蔽野。是年七月，西夏主久被围于中兴府，穷蹙乞降，唯请限一月后献城，成吉思汗许之，并约以后待之若子。

成吉思汗进至灵州，得疾甚剧，病八日死。时在一二二七年八月二十五日，得年七十三岁。临危时谓左右曰："金之精兵在潼关，南据连山，北限大河，难以遽破。若假道于宋，宋、金世仇，必能许我，则下兵唐、邓，直捣大梁，金急必征兵潼关。然以数万之众千里赴援，人马疲弊，虽至弗能战，破之必矣。"同时嘱诸将死后秘不发丧，待西夏主及期出城来谒时，执杀之。后诸将果遵遗命杀西夏主。复议屠中兴，有西夏将原从蒙古者谏止之。

诸将奉成吉思汗柩归蒙古，秘其丧不使人知，在道遇途人尽杀之。还至怯绿连河源之旧营，始发丧。陆续陈柩于其诸大妇之斡耳朵中，诸宗王、公主、统将等得拖雷讣告，皆自各地奔丧而来，远道者三日始至。举行丧礼后，葬之于斡难、怯绿连、秃剌三水发源之不儿罕合勒敦诸山之一山中。先是成吉思汗曾至此处息一孤树下，默思移时；起而言曰：死后欲葬于此。故诸子遵遗命葬于其地，不起坟垅。葬后周围树木丛生，成为密林，不复能辨墓在何树之下。后裔数人亦葬于此，命兀良合部千人守之，《元史》名其地曰"起辇谷"，今日尚未发现其地云。

附　录

冯承钧先生事略

　　教授名承钧，字子衡，姓冯氏，湖北夏口人。生于光绪十三年。少聪颖异常儿，年十七（光绪二十九年）得游学欧洲。十九岁考入比利时列日国立大学法学预科，翌年转入法国巴黎大学法科，凡四年毕业。复入法兰西学院，后于宣统三年归国[1]。适辛亥革命起，教授被任为湖北都督府秘书。民国二年国会开会，复任众议院秘书。及至议院分裂，遂转教育部为佥事，凡十五年。此十五年间，历兼北大讲师（民九至十五）及师大教授（民十七至十八）。民十八任立法编纂委员。民国二十一年至二十八年被聘为中华教育文化基金委员会编辑。现被聘为临时大学第二分班史学系教授，专任中亚交通、西北史地、蒙元史等课程。

　　教授译著等身，尤以贡献于文史学界者为最大。译述名著之多，实达近三十年来之最高峰。且译文流畅，用词正确，治史学者莫不钦服。

---

[1]　向达、朱杰勤认为冯氏在民国初年返国。见向达：《悼冯承钧先生》、朱杰勤：《纪念冯承钧先生》，载李孝迁、任虎编校《近代中国史家学记》上，上海古籍出版社，2018，第141、149页。

一生译著不下百数十种，约五百万言，其中关于法学书籍，多未刊印；而中国文史之译作，其行世者，即约三四十本。重要者如沙畹氏之《中国之旅行家》《宋云行纪笺注》《摩尼教流行中国考》《西突厥史料》等，施莱格氏之《中国史乘未详诸国证》，伯希和氏《交广印度两道考》及其与他学者之《史地丛考续编》（四种）、《西域南海史地考证译丛初编》（十二种）、续编（十三种）、三编（五种）、《中亚史地译丛》（九款）、列维氏等之《史地丛考》（十一种）、《大孔雀经药叉名录与地考》、《大庄严经》、《论探源法住记》及所记《阿罗汉考》，马伯乐氏之《秦越郡考》、《西域南海史地考证》四编（五种），多桑氏之《蒙古史》，布哇氏之《帖木儿帝国史》，沙海昂氏注疏之《马可波罗游记》，格鲁赛氏之《蒙古史略》，费琅氏之《昆仑及南海古代航行考》，郭鲁伯氏之《西域考古记要》，牟里氏之《东蒙古辽代旧城探考记》。他若关于耶教在中国之宣布，古代西方语言东渐之译文尚多，唯或未刊行，或既刊而未毕，均须待时出版，教授竟不能观成，实堪痛惜。著作中之《中国南洋交通史》、《西域地名》、《诸蕃志校注》、《郑和下西洋考》（增补稿尚未印出），皆不朽之作。论文散见于各杂志者甚多。每有新意，皆极精确，尤以论疏勒为西方所从出，实发前人所未发，允为最近得意之作也。

东夷来侵，教授以病弱之质，困居北平，治学殊未一时辍。及八年苦难已过，似可小舒心绪，而教授竟以宿病加剧，遽然长逝，而我国边疆研究之南针，遂失矣。教授面容白皙，而稍长体中，语言略快而音小，待人极为和蔼，而察人颇细，时出直言。中年得轻瘫痪症，每一起坐，须人扶持。晚年积平生之经验，发言更能启人猛省。凡事业及学术，如可助人，如可告人，必尽全力以赴。有子女各五人，长子先恕亦治史学，才气超绝，著述数种，谨严确实，有乃父风。凡前举教授之译著，多由其持笔，惜前年故去，教授痛伤久之。次子先倍、三子先植，昔赴西南抗敌，尚留湖北及陕西。四子先秘、五子先铭均入大学。长女德丽，次希孟、守范、念曾、珍训，均受大中学教育。教授享年六十，仅得中寿而卒,痛哉。

（本文原题《冯承钧教授传》,王静如撰,原载《燕京学报》一九四六年六月第三十期,第三二五至三二七页。后以《冯承钧先生事略》为题收入胡建国主编的《"国史馆"现藏民国人物传记史料汇编》第十九辑,台湾"国史馆"发行,一九九九年版,第四二九至四三〇页；又以《冯承钧教授传》为题收入蓝吉富主编的《西洋汉学家佛学论集》附录二,华宇出版社,一九八六年版,第三六九至三七二页。）